El poder de los
abuelos
QUE **ORAN**

STORMIE
OMARTIAN

Unilit

Publicado por
Unilit
Medley, FL 33166

Primera edición 2017
Serie Favoritos 2022

© 2016 por *Stormie Omartian*
Título del original en inglés:
The Power of a Praying Grandparent
Publicado por *Harvest House Publishers*
Eugene, Oregon 97402
www.harvesthousepublishers.com

Traducción: *Concepción Ramos*
Edición: *Nancy Pineda*
Diseño de la cubierta: *Nicole Dougherty*
Fotografía de la autora: © *Michael Gomez Photography*

A menos que se indique lo contrario, el texto bíblico ha sido tomado de la
Versión
Reina-Valera © 1960 Sociedades Bíblicas en América Latina; © renovado
1988 Sociedades Bíblicas Unidas. Utilizado con permiso.
Reina-Valera 1960® es una marca registrada de la American Bible Society, y
puede ser usada solamente bajo licencia.
Las citas bíblicas señaladas con NVI® se tomaron de la Santa Biblia, *Nueva
Versión Internacional*. © 1999 por la Sociedad Bíblica Internacional.
Las citas bíblicas señaladas con LBLA se tomaron de la Santa Biblia, *La
Biblia de Las Américas*. © 1986 por The Lockman Foundation.

Producto: 497053
ISBN: 0-7899-2358-0 / 978-0-7899-2358-5

Categoría: Vida cristiana / Crecimiento espiritual / Oración
Category: Christian Living / Spiritual Growth / Prayer

Impreso en Colombia
Printed in Colombia

Mas la misericordia del Señor es desde
la eternidad hasta la eternidad, para
los que le temen, y su justicia para los
hijos de los hijos, para los que guardan
su pacto y se acuerdan de sus preceptos
para cumplirlos.

Salmo 103:17-18, lbla

Contenido

Segunda sección
Ora por la seguridad y protección de tus nietos

Tercera sección
Ora por el crecimiento y el desarrollo espiritual de tus nietos

CUARTA SECCIÓN
Ora por la provisión y el bienestar de tus nietos

El regalo de por vida de los abuelos que oran

*A*lgo maravilloso sucede en el corazón cuando vemos por primera vez a un nieto. Es difícil de explicar. Aunque es diferente a tener nuestros propios hijos, la experiencia es lo que todo abuelo nos había dicho por años que sería. No hay nada parecido. Hay una conexión instantánea y profunda. Hay un amor incondicional que hasta ese momento no podíamos imaginar. Es algo muy especial. Conmovedor como ningún otro. Y cambia la vida de manera irrevocable.

Esto no minimiza el amor incondicional que sentimos por nuestros propios hijos ni la experiencia conmovedora y que transforma la vida que tenemos cuando entran en nuestra vida. Sin embargo, como abuelos, no tenemos que atravesar por ese paso físico y emocional de traer a los nietos al mundo. Son regalos que nos ponen en el regazo, a menudo literalmente. Eso no quiere decir que no estemos siempre orando y preocupados por la seguridad y salud de nuestra hija o nuera, las que llevan su preciosa carga por la que oramos para que se desarrolle a la perfección. También oramos por nuestro hijo o yerno para que sean un buen apoyo para su esposa, un excelente proveedor y un gran padre para sus hijos, lo cual puede ser agobiante para la mayoría de los nuevos padres que se mantienen en contacto con toda esa realidad.

Recuerdo cuando Michael y yo fuimos padres por primera vez. El proceso nos abrumó por completo. Bien sea por las dudas de nuestra capacidad para ser buenos padres, el miedo de que algo le fuera a suceder a nuestro hijo o el temor de no estar preparados, solo nos enfocamos en el proceso. Sin importar cuántos libros leía acerca de la crianza de los hijos ni cuántas clases tomaba acerca de qué hacer después del nacimiento, me consumió la travesía. Este es el caso para la mayoría de las personas, ya sea hijo biológico, adoptado o del cónyuge. El camino hacia la llegada de un hijo puede ser aterrador y no hay garantías.

Es posible que nuestros hijos adultos también sufran esos mismos temores.

Además de todo esto, el proceso de traer hijos al mundo y criarlos es agotador. El factor del sueño, o la falta del mismo, complica las cosas cuando los padres tratan de no descuidar a su cónyuge ni al matrimonio. Esto puede parecernos una tarea abrumadora. Si uno de los cónyuges no está presente, por la razón que sea, y es uno solo quien tiene la responsabilidad de criar al hijo, el factor de preocupación se multiplica. Quizá la madre o papá soltero sea la única persona a cargo de pagar el alquiler, la hipoteca, la comida, la ropa, la atención médica, la educación y cualquier otra necesidad que tengan el niño o los niños. Sin el apoyo emocional de alguien que comparta los deberes de ser un buen padre, la responsabilidad puede parecer imposible.

Como abuelos, casi nunca llevamos las mismas cargas que los padres, aunque esas cosas nos preocupan en gran medida. Es decir, a menos que al niño no solo nos lo pongan en nuestro regazo, sino también de que pongan sobre nuestros hombros la responsabilidad total de nuestro nieto debido a que el padre o los padres no puedan cuidar de su hija o hijo. Muchos abuelos lo experimentan.

Cualquiera que sea tu situación, considera una bendición tener un precioso nieto. Muchas personas sufren porque nunca tendrán uno, o el que tenían ya no es parte de sus vidas. Dale gracias a Dios todos los días de que tienes el privilegio y el poder en la oración para influir en la vida de tus nietos de maneras que ni siquiera puedes imaginar.

El regalo de un «abuelito» o una «abuelita» que oran

Los nietos son un regalo de Dios para ti. Y tus oraciones son un regalo para ellos que pueden llegar a durar toda la vida, aun cuando ya no estés para ver los resultados. Dios tiene un ministerio importante para ti a favor de tus nietos, no solo en palabra y obra, sino también en oración.

En lo personal, no tuve una madre ni un padre de oración; al menos, hasta donde supe. En cambio, tuve una abuela de oración. Nunca lo supe porque solo la vi dos veces en mi vida: una cuando tenía unos seis años y, luego, cuando tenía doce. Era la madre de mi padre y parecía ser una persona amable, bondadosa y cariñosa.

No fue sino hasta más tarde en mi vida, después de casarme y tener dos hijos propios que mi madre, quien padecía una grave enfermedad mental, murió de cáncer a los sesenta y cuatro años de edad, y le pedimos a mi papá que viniera a vivir con nosotros. En ese entonces tenía unos setenta y cinco años y le dimos un ala completa de la casa que le permitió tener tres habitaciones más una pequeña sala, todo al frente de la casa donde podía tener privacidad y, aun así, estar con el resto de la familia cada vez que lo deseaba. Todos los días se sentaba en la salita para esperar que los chicos llegaran de la escuela. Durante ese tiempo, estaban en la escuela primaria y secundaria, y les encantaba sentarse con él y escuchar las historias que les contaba de su vida. Solo por nombrar unas pocas, tuvo muchas experiencias cercanas a la muerte como que sufriera *dos veces* la descarga de un rayo, lo golpeara un tren, le dispararan con una pistola, cayera a caballo por un barranco, y perdiera el control de su camioneta en una carretera cubierta de hielo de una montaña y deslizándose por la ladera de la misma. Es increíble pensar que vivió hasta los noventa y tres años, y murió en paz en su propia cama mientras dormía.

También yo, para empezar, me le escapé a la muerte muchas veces en mi vida, incluyendo la neumonía cuando era una bebita y la difteria cuando tenía unos seis años. Después vendrían muchos otros momentos de peligro. Luego de aceptar al Señor a los veintiocho años y haber caminado con Él por dos décadas, vi que la mano de mi Padre celestial estuvo siempre sobre mí. Un día, le pregunté a Dios en oración quién había estado orando por mí porque en ese momento me di cuenta que alguien tenía que haberlo hecho. No pude pensar en nadie por parte de mi madre. Su madre, mi abuela materna, murió al dar a luz cuando ella tenía once años. Y mi propia madre padeció de una enfermedad mental toda mi vida.

Le pregunté a mi padre acerca de *su* madre, y descubrí que fue una fiel y piadosa mujer de oración. Fue tan fiel a Dios que todos los domingos por la mañana recorría con sus hijos un largo camino, incluso bajo la nieve, a través de campos y carreteras rurales hasta la iglesia. Allí no había cosas como iglesia para niños, así que mi padre se sentaba en los duros bancos de madera por cuatro horas en la mañana, cuatro horas más en la noche y, a lo mejor, los miércoles por la noche también. Me contó que su padre nunca fue a la iglesia ni los *llevó*. Entonces, una vez que se convirtió en adulto, juró que nunca entraría de nuevo a una iglesia. Y con excepción de alguna que otra boda o funeral, por lo que sé, cumplió su palabra.

En respuesta a mi oración, Dios me mostró que fue la madre de mi padre quien oró por sus ocho hijos y sus muchos nietos, y que esa fue la razón por la que mi papá y yo escapamos de la muerte tantas veces. Aunque murió cuando yo solo era una adolescente, siento que fueron sus oraciones las que continuaron cubriéndome en mi vida.

Mi padre siempre fue un buen abuelo para mis hijos. Que yo sepa, nunca oraba, pero cuando le preguntaba abiertamente si creía en Dios y que Jesús era el Hijo de Dios que murió por nosotros y resucitó para darnos vida eterna con Él, debido a que quería tener la certeza de que vería a mi papá en el cielo un día, me respondía de manera enfática: «¡Sí, por supuesto!», como si dijera: «¿Quién, en su sano juicio no va a creer algo así?».

Eso era suficiente para mí.

Mientras vivió con nosotros, le enseñó a mi hija a cultivar un huerto en nuestro patio, y juntos lo atendían todos los días. A mi hijo le enseñó muchos juegos, y los jugaban cada vez que podían. Michael y yo no teníamos tiempo para hacer muchas de las cosas que él podía hacer. Fue el único abuelo que conocieron mis hijos porque sus dos abuelas murieron de cáncer de mama, y el padre de mi esposo vivía lejos y también murió cuando los niños eran pequeños. Sin embargo, pudieron pasar tiempo a diario con mi padre, y tanto él como mis hijos experimentaron un amor mutuo muy especial.

Siempre hay lugar en la vida de un niño para un abuelo o una abuela piadosos. En cambio, ser un piadoso «abuelo» o «abuela» que *ora* es un regalo deliberado que puedes darles a tus nietos aunque no los veas con frecuencia. Y si no tienes nietos *todavía*, pídele a Dios que te muestre quién necesita un «abuelito» o una «abuelita» espirituales. Hay muchos que lo necesitan.

Yo he tenido el gozo de ser parte de la vida de mis nietos desde que nacieron. Y aun antes, mientras crecían en el vientre de sus madres, oraba varias veces al día para que fueran saludables y estuvieran formados a la perfección. Es más, oraba por mis nietos antes que se casaran mis hijos, incluso mucho antes de saber si los tendrían o no.

Quizá te convirtieras en abuelo debido a que uno de tus hijos se casara con alguien que ya tenía un hijo, y es posible que ese niño ya tuviera dos pares de abuelos en su vida. Lo que no sabes es si esos abuelos oran. Sin importar las circunstancias, ese niño necesita el regalo de tus oraciones.

Un nieto nunca tendrá demasiadas oraciones ni demasiado amor.

Poco después que se publicara mi libro *El poder de los padres que oran* en 1995, y se vendiera unos cuantos millones de ejemplares, mucha gente me preguntaba: «¿Cuándo vas a escribir *El poder de los abuelos que oran*?». Les decía que aunque de seguro tenía suficiente edad para ser abuela, mis hijos no *hacían* su parte. Yo todavía oraba para que encontraran la pareja adecuada y no quería escribir sobre algo que nunca había experimentado en lo personal. Decidí esperar hasta tener el gozo de ser abuela antes de escribir este libro. Ahora que tengo dos nietos preciosos, siento la libertad para hacerlo.

Este libro está dividido en cuatro *secciones importantes*, o temas de oración, que te ayudarán a encontrar con facilidad el asunto por el que deseas orar.

La primera oración en cada sección será para que ores por ti como abuelo. Te ayudará a entender cuán importantes y duraderas son sus oraciones para cada uno de tus nietos. Aun si no los ves a menudo, el papel que representas en sus vidas va mucho más allá de lo que quizá te des cuenta.

La segunda oración en cada sección será por los padres de tus nietos. Afrontan serios desafíos que les vienen de todas partes, y necesitan con urgencia que los cubras en oración, aunque ni cuenta se den. Es más, una de las mejores maneras en que puedes orar por tus nietos es pidiéndole a Dios que ayude a sus padres o padrastros para que los críen bien.

Después de esas dos primeras oraciones de cada sección, hay cinco oraciones por tu nieto o nietos. No importa si son niños, adolescentes o adultos. Te garantizo que necesitan tus oraciones.

No solo te animo a que ores tan a menudo como puedas, sino que siempre que sea posible, ora con otros también. Hay poder cuando oramos juntos con una o dos personas más por las cosas que te preocupan. Jesús dijo: «*Si dos de vosotros se pusieren de acuerdo* en la tierra acerca de cualquiera cosa que pidieren, *les será hecho* por mi Padre que está en los cielos. Porque donde están dos o tres congregados en mi nombre, *allí estoy yo en medio de ellos*» (Mateo 18:19-20). La poderosa promesa de la presencia de Dios cuando oramos con otros es un regalo demasiado grande para que lo pasemos por alto.

En los versículos anteriores añadí letras cursivas, y también lo hice en otros pasajes de las Escrituras a través del libro. A fin de que no tenga que seguir repitiendo las palabras «énfasis añadido», solo ten presente que cuando veas las letras cursivas en dichos pasajes bíblicos, las agregué para destacar de manera especial ciertas palabras.

Puedes comenzar a orar desde el capítulo 1 hasta el final del capítulo 28. Cada capítulo es corto e incluye una oración y una página de la Escritura para respaldarlo. O puedes escoger qué sección y capítulo consideras que son los temas de oración más necesarios en ese momento para tu nieto.

Ah, y por favor, no te ofendas por mi uso frecuente de la palabra «nietos» si solo tienes uno o una. Solo es que el plural me evita tener que usar con frecuencia las palabras «nieto o nieta». Créeme, un precioso nieto es más que suficiente para que tengas mucho por lo que orar.

PRIMERA SECCIÓN

*Ora para que
tus nietos entiendan
el amor y las
relaciones piadosas*

Amor

1

Señor, ayúdame a expresar con claridad mi amor por cada uno de mis nietos

ada niño es único. Cada niño, incluso de la misma familia, es diferente a los demás en esa familia. No podemos pensar que todos nuestros nietos tienen las mismas fortalezas, pensamientos o necesidades. Como tampoco podemos dar por sentado que experimenten con exactitud los mismos eventos que los demás miembros de la familia. La dinámica familiar cambia a cada paso. Y también cambian las percepciones de un niño.

No obstante, cada niño tiene las mismas necesidades básicas. Después del alimento, el vestido y una vivienda segura, la mayor necesidad de todo niño es el amor. Aun así, cada niño percibe y recibe el amor de forma diferente. Lo que como abuelos debemos aprender es cuál es la mejor manera de expresar *nuestro* amor por cada niño.

Pídele a Dios que te ayude a comunicarle amor a cada uno de tus nietos de una manera que puedan entenderlo y recibirlo con claridad. Solo Él sabe con seguridad lo que hay en el corazón de un niño.

Algunas personas tienen dificultades para comunicar el amor, aun por sus propios hijos y nietos. No es que no los amen. En realidad, es probable que los amen mucho. Solo que no pueden expresarlo bien. A menudo, a esa persona en particular la criaron de una manera similar. Le ocultaron el amor o no se lo comunicaron lo bastante bien, por lo que no se creyeron amados.

Esa fue mi experiencia. No recuerdo haber escuchado nunca a ninguno de mis padres decirme: «Te amo». Tampoco lo escuché de ninguno de mis familiares; no es que tuvieran alguna vez algo que decirme, pues casi siempre me mantuvieron aislada de ellos. Mi madre actuaba como si me odiara. Era abusadora de manera física y verbal, y me encerraba en un clóset durante gran parte de mi infancia. Sin embargo, ella padecía de una enfermedad mental, y su enfermedad se hizo más y más visible con el correr de los años.

Mi padre nunca fue abusador. Era bondadoso, pero no cariñoso. Más tarde me dijo, después de adulta, que mi madre y él acordaron no expresarme nunca nada bueno ni alentador para no malcriarme. Recuerdo que pensé: *«¡Qué idea tan terrible!»*. Y juré nunca hacerles eso a mis hijos. Me aseguraría de que supieran que tanto Dios como yo les amábamos, y le pedí a Dios que me ayudara a hacerlo.

Muy temprano en mi vida, comprendí que estaba demasiado dañada para saber cómo recibir el amor de otra persona, y tampoco sabía de qué manera corresponderlo. No fue hasta que recibí el amor de Dios que pude dar y recibir amor de veras.

La persona que más amé mientras crecía fue mi hermanita, que nació cuando yo tenía doce años. Fue lo mejor que nos pasó a nuestra familia y a mí. En esencia, la crie yo porque mi madre me dijo que cuando no estaba en la escuela, era mía. Eso no me molestaba mucho porque estaba loca por ella. Sin embargo, cuando terminé el instituto, tuve que irme de casa para escapar de todo el abuso verbal de mi madre y los conflictos que esto causaba en la familia. Siempre me sentí culpable por abandonar a mi hermana, pero sabía que tenía que dejar ese ambiente tóxico a fin de poder ayudarla si quería que algún día saliera también. Además, creía que sin mi presencia, la casa sería más pacífica.

Al parecer, me equivoqué en cuanto a eso.

Aunque mi madre nunca fue cruel con mi hermana como lo fue conmigo, más tarde supe cuánto descuidaron a mi hermana y que, en muchos sentidos, se sintió abandonada. Nunca me di cuenta hasta qué punto de no haberme enterado por sus propias palabras. Me sentí muy mal por todo lo que le había sucedido, pero no sabía qué más *podría* haber hecho en ese entonces.

Éramos dos hermanas de la misma familia que tuvieron diferentes experiencias y percepciones. Cuando me ofrecí para enviar a mi hermana a la universidad o alquilarle un local para que exhibiera sus obras de arte, que eran de calidad profesional, me sorprendió que no aceptara ninguna de las dos opciones. Siempre había decidido alejarme lo más posible de la forma en que crecí. Ella, por su parte, se sentía desesperanzada y no tenía la confianza en sí misma para querer hacer nada de eso. Al final, acepté el hecho de que todas las cosas que *yo* quería para ella no eran lo que ella quería para sí misma.

En algunas familias, los niños sienten que no son tan amados como sus hermanos. Las personas que muchas veces me han contado ese tipo de experiencia, y aunque es muy posible que sea verdad, puede ser también su propia percepción de la dinámica familiar, porque el amor no se comunicaba de la manera en que podían percibirlo con claridad. Cierto o no, todavía deja huellas.

Uno de los mejores regalos de amor

Uno de los mejores regalos de amor que puedes darles a tus nietos es tu oración por ellos.

Entre las muchas recompensas de la oración, una de las más maravillosas es que no solo crece tu amor por la persona por quien oras, sino que al hacerlo, es como si ella sintiera tu amor, o el amor de Dios, a través de tus oraciones. Cuando alguien dice: «Sentí tus oraciones», eso es lo que están sintiendo aun sin entenderlo. La razón es que al acercarte a Dios en oración por alguien, su amor se profundiza en tu propio corazón. Así que cuanto más tiempo pases hablando con Dios, más de su amor se derrama *dentro de ti*, y más fluye *a través de ti*.

Dios es amor, y al orar estás en contacto con todo lo que es Él. Cuando oras por otra persona, recibes el corazón de amor de Dios para dicha persona.

Otra cosa maravillosa que sucede es que cuando oras por alguien, Dios puede suavizar el corazón de esa persona hacia *ti*. Hay una transferencia del amor de Dios hacia la persona por quien oras. No puedo probar que suceda siempre, pero lo he experimentado suficientes veces, y también muchos otros, que no lo puedo negar.

Tuve un pariente que era muy grosero y, por alguna razón que no podía entender, no me aceptaba. Apenas lo conocía. Sin embargo, después de recibir al Señor y aprender acerca del poder de la oración en el nombre de Jesús, comencé a orar por él a fin de que abriera su corazón al amor de Dios. De manera sorprendente, mi corazón se suavizó hacia él. No solo eso, cuando lo volví a ver años después, me saludó como a una vieja amiga que había perdido. Para empezar, no veía motivo alguno para su rechazo ni tampoco sabía lo que sucedió para que me aceptara de repente. Tenía que ser por las oraciones. El único contacto que tuve con él durante esos años fue en esas dos oportunidades.

Aun así, he experimentado este tipo de cosas muchas veces, de modo que hay un poder dinámico que se aviva cuando oramos para que la gente abra su corazón al amor de Dios.

Aun si vives lejos de tus nietos y no los ves con frecuencia, tus llamadas, tarjetas, cartas, correos electrónicos, vídeos y regalos pueden causar un gran impacto en su vida, sobre todo si les dices a menudo que oras siempre a Dios por ellos. Pídeles que te digan cualesquiera necesidades en específico por las que quieren que ores. Tus oraciones pueden crear un lazo de amor entre tú y tus nietos, incluso desde lejos.

Elimina las barreras

Jesús nos enseñó a tomar autoridad en el reino espiritual para efectuar cambios en el mundo físico. Él dijo: «*Tened fe en Dios.* Porque de cierto os digo que *cualquiera que dijere a este monte: Quítate y échate en el mar, y no dudare en su corazón,* sino creyere que será hecho lo que dice, lo que diga *le será hecho. Por tanto, os digo que todo lo que pidiereis orando, creed que lo recibiréis, y os vendrá*» (Marcos 11:22-24).

Este pasaje de las Escrituras es excelente para aplicarla a cualquier familiar con el que exista una montaña de resistencia para expresar o recibir amor. Esa clase de barrera puede parecer tan imposible de quitar como una montaña. Sin embargo, Jesús dijo que era posible si tenemos fe en *su poder* y *su voluntad.* Siempre la voluntad de Dios es ayudar a las personas a amar a otros, y *recibir* amor de otros. Aun así, puede existir una pared invisible que no deja que alguien *reciba* amor, o una barrera que como una montaña los deje incapaces de *comunicar* amor. De cualquier forma, esto puede causar algo similar a la parálisis emocional en una familia, a menos que la montaña se reduzca a cenizas en oración.

Pídele a Dios que te muestre si hay alguna barrera en tu vida que no te deje dar o recibir amor. Esto es muy importante. Si sientes que no te han amado en el pasado, esto puede afectar la manera en que les muestras amor a tus hijos y nietos hoy. O si tienes falta de perdón de cualquier tipo en tu corazón, esto puede levantar grandes barreras que otros pueden sentir sin saber lo que son con exactitud. Dios dice que Él no escuchará nuestras oraciones hasta que confesemos cualquier iniquidad que haya en nuestro corazón. (Lee el Salmo 66:18).

Puede que lo que nuestros hijos o sus cónyuges dicen o hacen nos hiera. No obstante, tenemos que deshacernos de esto y liberarnos por completo porque si no lo hacemos, afectará nuestro corazón, nuestras relaciones, y nuestro andar íntimo con el Señor. Pregúntale a Dios si tienes alguna herida en tu corazón que tienes que llevarle para que la sane y rompa todas las barreras que tratan de convertirse en una fortaleza de división.

Las relaciones familiares pueden ser muy delicadas, sobre todo en lo que concierne a los suegros. Ora para que Dios te permita andar siempre en un camino de amor, gracia, bondad, misericordia, sabiduría, generosidad y perdón. Pídele que derrumbe las barreras para que el amor fluya de ti a tus hijos, nietos y demás familiares, incluso tus suegros, nueras y yernos.

Solo Dios sabe lo que expresará nuestro amor y el suyo a nuestros familiares. La cosa es que la gente percibe la falta de perdón en nuestros corazones aunque no esté dirigida hacia ellos, e incluso si no saben lo que están percibiendo. Les debemos a nuestros nietos deshacernos de esto para que nuestros corazones estén limpios delante del Señor y nuestras oraciones sean eficaces.

Todos necesitamos un corazón lleno de amor incondicional hacia nuestros hijos y nietos, y la capacidad de expresarlo con claridad... sin obstáculos ni filtros. Oremos por esto.

Mi oración a Dios

Señor:

Levanto mis nietos a ti. (Nombra cada nieto ante Dios). Muéstrame cómo expresar mi amor profundo e incondicional por cada uno de tal forma que logren percibirlo y recibirlo con claridad. Revélame las muchas maneras en que puedo demostrarle mi amor a cada uno.

Te ruego que elimines todas las barreras en mí que se formaron a través del desaliento o el dolor de mi pasado. Si hay algún lugar en mi corazón donde me sienta rechazado o no amado, te lo entrego a ti para que lo sanes. Si hay falta de perdón en mí hacia alguien, muéstramelo y lo confesaré. Sé que tu Palabra dice que si mantengo en mi corazón ese tipo de pecado, no escucharás mi oración hasta que ponga las cosas en claro contigo (Salmo 66:18). No quiero cargar en mi corazón cosa alguna que no deba estar ahí. Libérame hoy por completo de toda falta de perdón para que no haya ninguna montaña que me separe de mis hijos y de mis nietos. Mantén limpio mi corazón para que no haya obstáculos en mis oraciones.

Si hubiera alguna otra fortaleza que nos separe o alguna brecha en mis relaciones familiares, elimínalas por completo. Quema las barreras que obstruyen el perdón en el corazón de todos los involucrados. Ayúdame a orar con tanto poder por mis nietos que ellos puedan sentir tu amor y el mío. Haz que mis oraciones los toquen de manera profunda y creen un vínculo de amor entre nosotros.

Permíteme ser uno de los «pacificadores» de que hablas en tu Palabra. Sé que eso me identifica como tu hijo (Mateo 5:9). Que tu paz, que sobrepasa todo entendimiento, reine en mi familia, y en las familias de mis hijos y nietos.

Te lo pido en el nombre de Jesús.

La Palabra de Dios para mí

Si en mi corazón hubiese yo mirado a la iniquidad,
el Señor no me habría escuchado.
SALMO 66:18

La discreción del hombre le hace lento para la ira,
y su gloria es pasar por alto una ofensa.
PROVERBIOS 19:11, LBLA

No juzguéis, y no seréis juzgados;
no condenéis, y no seréis condenados;
perdonad, y seréis perdonados.
LUCAS 6:37

Lámpara de Jehová es el espíritu del hombre, la cual
escudriña lo más profundo del corazón.
PROVERBIOS 20:27

Todo cuanto pidiereis al Padre en mi nombre,
os lo dará [...] pedid, y recibiréis,
para que vuestro gozo sea cumplido.
JUAN 16:23-24

2

Señor, haz que crezca el amor en los padres de mis nietos para sus hijos y entre sí

No solo los nietos son uno de los mayores regalos que podemos tener en esta tierra, también ver a nuestros hijos llegar a ser buenos padres es una experiencia maravillosa. La recompensa de cada padre después de pasar toda una vida trabajando, manteniendo y criando a sus hijos es, a la larga, verlos elegir un buen cónyuge y convertirse en buenos padres. Sin embargo, tus hijos necesitan mucho apoyo en oración para poder andar con éxito a través de todas las etapas de la vida.

He sido bendecida al tener una maravillosa nuera que es una gran esposa y madre dotada. Es generosa al dejarme cuidar a mis nietas un par de veces a la semana. He descubierto que estos ratos son los más gratificantes de mi vida... ¡aunque de seguro que agotadores! No obstante, para mí son unas vacaciones de mi labor diaria de escribir, viajar y todas las demás cosas que hago para atender mi casa, negocio y ministerio. Mi mayor recompensa es cuidar de las niñas, junto con un matrimonio que ha durado más de cuarenta y tres años, y gozar de buena salud la mayor parte del tiempo.

También es una gran recompensa ver a mi hijo ser muy buen padre para sus hijas y ayudar tanto a su esposa. Entre los dos son un verdadero equipo y están criando dos niñas felices, saludables, cariñosas, de buen temperamento, que aman a Dios y se portan bien. Le doy gracias a Dios todos los días por todo eso y no tomo a la ligera estas bendiciones. Entiendo bien que no todo el mundo tiene algo así, pero también sé que he orado por esto desde el momento en que nacieron mis hijos. Si tú no lo has hecho por tanto tiempo, no te preocupes. Tus oraciones fervientes ahora pueden recuperar el tiempo perdido.

Por eso creo que no solo es bueno orar por ti misma para ser la mejor abuela (o el mejor abuelo) que puedas ser, aunque sea desde lejos si tienes que hacerlo, sino por los padres de tus nietos a fin de que sean los mejores y más amorosos para sus hijos.

Antes que todo, ora para que los padres de tus nietos amen a los niños como Dios quiere que los amen, pensando siempre en lo mejor para ellos. A la vez, ora para que crezca siempre el amor entre ellos. Esto es crucial. Mientras más sólida, feliz y amorosa sea su relación, más estables, amados y seguros de sí mismos y de sus vidas se sentirán los niños. Esto es cierto incluso cuando los padres se han divorciado, o si uno de los dos ya no está presente por cualquier causa.

Ora para que haya *amor* y *respeto* entre los padres, sobre todo en lo que concierne a los niños. No importa cuál sea la situación, ora por *paz* y *unidad* entre los padres, y que puedan estar siempre de acuerdo en cuanto a la crianza de sus hijos.

Ora siempre para que no haya un divorcio en el futuro. Incluso si ya sucedió, o parece inevitable, ora por la mejor situación posible. Pídele a Dios que ayude a los padres a poner primero a sus hijos y a que no perpetúen el conflicto entre ellos. Ora en específico para que los padres nunca incluyan a sus hijos en sus luchas, sino que permitan que el amor de Dios fluya entre ellos.

Si el padre o la madre de tus nietos se han vuelto a casar, ora por el padrastro o la madrastra para que amen a Dios, y amen y apoyen a tus nietos. Necesitan tus oraciones también por esta nueva relación que tiene con tus nietos.

La mejor posición que puedes tomar es la de no juzgarlos. Ya hay bastante juicio por todas partes. Además, no necesitan juicio; necesitan perdón. Y necesitan el amor de Dios en grandes dosis. Tu mayor preocupación son tus nietos que deben saber que son amados... por Dios, por ti, por sus padres, y también por sus padrastros y madrastras.

Es complicado, lo sé.

Sin embargo, el amor de Dios no es complicado. Simplemente no tiene límites y no falla nunca. Tus nietos tienen que saber que pueden depender de su amor, así como el de sus padres.

Cuando los niños ven el amor de Dios en sus padres, aun cuando están divorciados, y ven un respeto santo entre ellos, les es más fácil recibir el amor de Dios en sí mismos. Todos hemos visto los desastres: los hijos de divorcio que se alejan de Dios, que no pueden perdonar a uno o ambos padres, que no pueden confiar en otros y establecer relaciones duraderas, y mucho más. La Escritura que dice: «*Y ante todo, tened entre vosotros ferviente amor; porque el amor cubrirá multitud de pecados*», se aplica aquí en especial (1 Pedro 4:8). La pareja que se divorcia y aun puede expresarse amor el uno al otro y a sus hijos, influirá de manera más positiva cómo sus hijos van por la vida.

Ora para que los padres de tus nietos sean llenos del amor de Dios a fin de que puedan comunicarles ese amor a sus hijos de una manera que lo perciban con claridad. Una vida llena del amor de Dios y de la familia es una vida de paz. Y todos queremos esto en gran manera para nuestros nietos.

Sé una parte coherente en la vida de tus nietos

Ora para que los padres de tus nietos les amen lo suficiente como para permitirte ser siempre parte de sus vidas. Ora también para que todos los abuelos les amen lo suficiente como para mantener un corazón amoroso hacia los padres. Ora para que los padres nunca usen a los nietos para castigar a los abuelos, lo cual he visto demasiadas veces.

Conozco una pareja, creyentes fieles, abuelos de varios pequeñitos en una de las familias de sus hijos, pero no pueden ver a sus nietos. No porque sean malas personas ni una amenaza para los niños. Son personas maravillosas que aman a Dios y le sirven todo el tiempo. Su hijo se apartó a causa de un desacuerdo por un negocio, y les ha prohibido por completo ver a su familia. Desde que los niños nacieron hasta que sucedió esto, los abuelos fueron parte de sus vidas, pero durante los últimos cinco años se han cortado todos los vínculos. Han sido totalmente marginados. No se pueden comunicar con sus nietos de ninguna manera, ni siquiera en los cumpleaños y días de fiesta, todo por las diferencias de opinión acerca del dinero. Lo que estos abuelos han sufrido es cruel y desgarrador, sin mencionar la tristeza y la confusión que deben experimentar sus nietos.

Sé que hay casos cuando los padres sienten que los niños pueden correr peligro a causa de debilidades u olvidos de los abuelos, o que estén en cosas que no son buenas para los niños. Aun así, pueden llevarlos de visita en cumpleaños. O los abuelos pueden encontrarse con los padres y los hijos en algún lugar. Por supuesto, si existe abuso de cualquier tipo por parte de un abuelo, esto lo cancela todo. Sin embargo, esa situación que describí era más que un acto de venganza, un castigo para los abuelos por culpa de un asunto familiar de negocios. Lo lamentable es que se castiga también a los niños.

Esta clase de barrera al flujo del amor de Dios hace que los nietos pierdan mucho. Los abuelos no están con nosotros para siempre. Son un regalo invaluable. No todos los tienen, pero todos necesitan al menos uno en su vida. Ora por la ruptura de cualquier montaña de dureza o venganza cuando la veas, en especial cuando las necesidades de los nietos no se toman en consideración.

Otra cosa por la que orar es que los abuelos nunca usen a los nietos para castigar a los padres. Sé que esto quizá parezca extraño, pero es más común de lo que piensas.

Conozco a padres que no estuvieron de acuerdo con la joven que su hijo escogió para casarse, no fueron a la boda y nunca han visto a sus tres nietos, de los cuales, el mayor tiene ya diez años. Es difícil imaginar que existan corazones tan duros. Conozco a esa joven esposa desde que nació y este comportamiento no tiene justificación. Estos abuelos no solo se están perdiendo tener estos tres preciosos nietos en sus vidas, los únicos que tienen, sino que están privando a esos niños de algo que puede ser una gran bendición en el reino espiritual al no verlos ni expresarles su amor.

¡Y estas personas que mencioné son creyentes en Cristo! Siempre están en la iglesia, adorando a Dios, pero se niegan a perdonar a su hijo por no casarse con la chica de *su* elección. Y no perdonan a su nuera por «arruinar la vida de su hijo». Si esta es una historia de creyentes, solo puedo imaginar con cuánta frecuencia ocurre entre incrédulos que *no* tienen el «amor de Cristo» en sus vidas. Por fortuna, también conozco a los abuelos por parte de madre, y son todo lo opuesto. A cada momento muestran su amor profundo e incondicional hacia estos tres preciosos niños y están muy activos en sus vidas.

Hasta detesto traer esto a colación, pero en ciertos casos, puede que sea necesario orar, por amor a tus nietos, para que Dios te ayude a amar a tu yerno o nuera de la manera que Él quiere que lo hagas. Soy bendecido por no tener un problema con esto debido a que mi nuera y mi yerno son personas maravillosas y temerosas de Dios. Los amo a los dos y le doy gracias a Dios todos los días por ellos. Sin embargo, conozco muchas personas que *sí* tienen este problema, y quizá por una buena razón. Aun así, esto tiene que cambiar. No es la voluntad de Dios resentir o no amar a una nuera o un yerno. Esto aflige al Espíritu Santo que está en nosotros. Si esta es tu situación, pídele a Dios que ponga amor en tu corazón por esa persona, y entonces, ora para que ella tenga el amor de Dios en su corazón por ti. Con el tiempo aprendemos a amar a las personas por quienes oramos, aunque no nos guste lo que hacen o quienes son en ese momento. Podemos amarlas como hijas de Dios a quien Él quiere salvar, liberar y hacer que crezca a la medida de Cristo. Esto es de suma importancia.

Ora para que todos los abuelos en tu familia amen a los padres de sus nietos.

El amor cubre y sana todo. Y agrada a Dios.

Mi oración a Dios

Señor:

Levanto los padres de mis nietos a ti. (<u>Nombra a cada padre ante Dios</u>). Ayúdalos a llevarse bien como pareja, y a no dejar que los separen las luchas y discusiones. Enséñales a buscar la armonía, la unidad y la paz en su hogar todos los días. Que se amen el uno al otro y no permitan que el espíritu de divorcio los aparte de su familia. Sé que mis oraciones no van a detener que una persona egoísta o voluntariosa haga lo que intenta hacer, pero también sé que tú escuchas mis oraciones y puedes permitir que alguien te escuche mejor, si desea hacerlo.

Permite que cada uno de los padres de mis nietos sea capaz de expresar su amor por sus hijos de manera que pueda percibirse con claridad, y así los niños puedan sentirse amados siempre. Llena de tu amor a sus padres para que sobreabunde sobre sus hijos. Dales señales obvias de amor (como la misericordia, el perdón, la paciencia, un corazón generoso, aceptación y ánimo), no solo hacia sus hijos, sino el uno por el otro. Recuérdales que hagan de sus hijos una prioridad, después de su amor por ti y por el otro. Dales la capacidad de expresarles su amor a sus hijos de manera clara.

Si el divorcio ya sucedió entre los padres, ablanda sus corazones para que pueda verse un amor piadoso entre los padres y hacia los hijos. Evita que jamás sacrifiquen a sus hijos en el altar del exceso de trabajo u objetivos egoístas. Permite que los padres nunca usen a los hijos como castigo entre sí ni contra los abuelos por un espíritu de venganza, lo cual está por completo en contra de tu voluntad. Ayúdalos a poner las necesidades de sus hijos antes de las suyas. Solo tú puedes obrar todo esto en los corazones de todos.

Te lo pido en el nombre de Jesús.

La Palabra de Dios para mí

Amados, si Dios nos ha amado así, debemos
también nosotros amarnos unos a otros. Nadie ha visto
jamás a Dios. Si nos amamos unos a otros,
Dios permanece en nosotros, y su amor
se ha perfeccionado en nosotros.
1 Juan 4:11-12

Amados, amémonos unos a otros, porque el
amor es de Dios, y todo el que ama es nacido
de Dios y conoce a Dios.
1 Juan 4:7, LBLA

Si yo hablase lenguas humanas y angélicas, y no
tengo amor, vengo a ser como metal que
resuena, o címbalo que retiñe.
1 Corintios 13:1

Llevad los unos las cargas de los otros,
y cumplid así la ley de Cristo.
Gálatas 6:2, LBLA

Si tuviera el don de profecía, y entendiera todos
los misterios y todo conocimiento,
y si tuviera toda la fe como para trasladar
montañas, pero no tengo amor, nada soy.
1 Corintios 13:2, LBLA

3

Señor, ayuda a mis nietos a comprender cuánto los amas

emasiadas personas han llegado a la adultez, incluso a la ancianidad, sin saber cuánto los ama Dios. Y a menudo el resultado es inquietud en el alma, dolor en el corazón y muchos problemas en la vida. No queremos esto para nuestros nietos. Ni para nuestros hijos. Ni para nosotros.

Mientras más pronto aprendan tus nietos cuánto los ama Dios, mejor serán sus vidas. Mientras más sepan acerca de quién es Jesús y lo que hizo, mejor comprenderán cuán profundo es su amor por ellos. Mientras más tiempo pasen con Dios hablando con Él en oración y escuchándolo hablar a su corazón, más felices serán.

Jesús dijo que el reino de Dios solo lo pueden experimentar quienes vienen a Él con un corazón como el de un niño pequeño.

Cuando los que rodeaban a Jesús traían sus niños para que Él los tocara, los discípulos los reprendían porque pensaban que estos no eran lo bastante importantes como para quitarle su tiempo. Cuando Jesús vio lo que sucedía, se enojó y dijo: «*Dejad a los niños venir a mí, y no se lo impidáis; porque de los tales es el reino de Dios»* (Marcos 10:14). Luego, continuó explicando: *«El que no reciba el reino de Dios como un niño, no entrará en él»* (versículo 15). Entonces, los tomó en sus brazos y los bendijo.

Jesús ama a los niños, en especial por su humildad y pureza de corazón.

Me llevó mucho tiempo darme cuenta del amor de Dios por mí. Toda la vida me sentí que nadie me amaba, incluso años después de recibir al Señor. Sentía el amor de Dios en la iglesia a la que asistía. Era palpable allí. Lo veía en los creyentes y los pastores, donde moraba el Espíritu de Dios. La Biblia dice: «Vosotros no vivís según la carne, sino según el Espíritu, si es que el Espíritu de Dios mora en vosotros. *Y si alguno no tiene el Espíritu de Cristo, no es de él»* (Romanos 8:9). Esto significa que cuando recibimos a Jesús, su Espíritu de amor, paz y gozo viene a morar en nuestros corazones. Ese es el primer paso para recibir el amor de Dios. Aun así, ¿por qué nos lleva tanto tiempo a algunos de nosotros creerlo de veras?

Después que recibí al Señor, supe que Dios amaba a todos los seres humanos, pero no creía que me amara a mí. Sé que esta es una explicación rápida y abreviada de por qué me sentía así, pero tenía que ver con mi propia falta de perdón hacia un padre que nunca me rescató del abuso de mi madre. Un consejero cristiano, que antes me guio a través de una gran liberación, me lo mencionó y me explicó lo que le reveló Dios. Me di cuenta de que cuando la gente que se supone que te ame no lo hace, o sientes que no te aman, se levanta una barrera en tu corazón que te impide creer a plenitud que alguien te ama, incluso Dios. Hace que dificulte confiar en el amor.

Si hay falta de perdón, no solo hacia el abusador, sino también hacia el que no detuvo el abuso, esto te impide recibir una total restauración. Detiene tu vida de modo que no puedes recibir por completo el amor de Dios debido a que no puedes confiar lo suficiente en Él para recibir todo lo que Él tiene para ti. Una vez que reconocí esa falta de perdón en mi corazón y se la confesé al Señor, perdoné a mi padre. (Ya había perdonado a mi madre). Entonces, comencé a sentir de veras el amor de Dios hacia mí. Y desde ese día ha ido creciendo año tras año.

Cómo explicarles el amor de Dios a tus nietos

Los niños ven primero el amor de Dios en sus padres. En cambio, si un padre todo lo que comunica es juicio y falta de misericordia, el hijo crece viendo solo las cosas negativas acerca de sí mismo. Es decir, a menos que alguien le reafirme cuánto lo aman: Dios, sus padres, abuelos u otros familiares. En ocasiones, cuando ese amor profundo e incondicional de Dios, que nunca falla, no está presente en el corazón de la madre o del padre, es posible que tú seas la única persona en la vida de tu nieto que pueda manifestarle ese maravilloso amor de Dios.

Pídele a Dios que te ayude a explicarles a tus nietos, de manera apropiada para su edad, cuánto los ama Dios y quiere que hablen con Él en oración. Puedes decirles que Dios siempre está a su lado, y que Él quiere guiarlos y ayudarlos a hacer lo bueno. Puedes asegurarles que Él quiere proveerles lo que necesitan y protegerlos.

Debido a que nunca es demasiado pronto para enseñar a un niño a orar, cuanto antes podamos enseñarles a nuestros nietos a hablar con Dios, más pronto llegarán a conocerlo y entender su amor por ellos.

Mi esposo y yo les enseñamos a nuestros hijos a una temprana edad a doblar sus manitas para darle gracias a Dios por los alimentos, y a orar para que les ayudara durante el día y les protegiera durante la noche mientras dormían. Aprendieron a darle las gracias por todo y a orar por otros que necesitaban la ayuda de Él. Nunca conocieron la vida sin oración.

Hemos observado a nuestro hijo y a nuestra nuera enseñarles a sus hijas a orar desde que tenían como un año de edad. Nos encanta ver cómo doblan sus manitas y le dan gracias a Dios por los alimentos y oran antes de ir a la cama. Cada vez que las niñas vienen a dormir a casa tratamos de reafirmar lo que hacen sus padres.

Quiero dejar bien claro que, al igual que nunca es demasiado temprano para enseñarles a los niños a orar, tampoco es demasiado tarde.

Incluso si tus nietos son mayores o adultos y, hasta donde sabes no oran, todavía puedes preguntarles si puedes orar por ellos. O tal vez con ellos. Quizá parezca difícil de iniciar si son mayores o están en la adultez, pero puedes preguntarles si tienen una necesidad o preocupación que quieren que ores por ellos. He descubierto que la mayoría de las personas, incluso las incrédulas, todavía quieren oración. Y en especial de un abuelo que saben que los ama.

La paz que queremos que nuestros nietos conozcan es esa que solo viene de Dios. Es esa que va más allá del entendimiento humano. Es la paz que encontramos en medio de los problemas, el dolor, el caos y la confusión, esa paz que no tiene sentido a la luz de lo que sucede. Tenemos la paz que sobrepasa todo entendimiento debido al Espíritu de amor de Dios en nosotros.

Trae una inmensa paz saber cuánto nos ama Dios, una paz que no es posible sin Él.

Tengo un libro en casa que toca la canción «Cristo me ama» cantada por niños pequeños. Cuando mi nietecita de dos años viene de visita a casa, corre al libro y aprieta el botón para oír la canción mientras mira los dibujos que muestran cómo Jesús expresa su amor por nosotros. Luego, aprieta el botón otra vez, y canta y baila junto con la canción. La alabanza perfecta sale de la boca de los niños. Ella lo toca una y otra vez, y puedo garantizarte que cuando se va de casa la canción continúa tocando en su mente y en su corazón. Sé que de seguro está en el mío.

Cada vez que tengas una oportunidad, háblales a tus nietos acerca de todas las cosas buenas que hay en sus vidas y cómo todo lo bueno viene de Dios porque Él los ama. Diles que el amor es como el viento, que no se puede ver, pero se puede *sentir*. Señálales las incontables maneras en que Dios les muestra su amor. Muéstrales cómo les ha dado familia, hogar, alimento, sol, lluvia y protección, y las muchas maneras en las que Él les provee. Háblales acerca de las promesas de Dios en la Biblia y cómo Él cumple sus promesas porque los ama. Asegúrales que nada los podrá separar del amor de Dios. Aun cuando hacen algo malo, Dios nunca deja de amarlos. Él solo quiere que vengan a Él y le digan: «Señor, lo siento, no quiero hacer esto más». Y Él promete perdonarlos y no dejar que se separen de su amor.

Sobre todo, ora para que Dios derrame su Espíritu de amor sobre tus nietos y sobre sus padres también, a fin de que vivan en la paz que solo viene de su amor.

Siempre somos más felices cuando sentimos el amor de Dios por nosotros y confiamos en Él.

Mi oración a Dios

Señor:

Te ruego que derrames tu amor sobre mis nietos. (Nombra cada nieto ante Dios). Sé que nunca podrán tener verdadera paz consigo mismos hasta que no estén en paz contigo. Haz que mis nietos te conozcan bien y que sus corazones se llenen de tu amor, paz y gozo para que puedan vivir vidas de paz. Ayúdales a «conocer el amor de Cristo, que excede a todo conocimiento», a fin de que puedan experimentar toda tu plenitud y todo lo que tienes para ellos (Efesios 3:19). Abre sus corazones para que puedan confiar que nada podrá separarlos de tu amor, ni siquiera sus propios errores. Eso es porque cuando te piden perdón y prometen no volver a hacerlo, tú los perdonas. Enséñales que tú nos amas lo suficiente como para corregirnos cuando nos apartamos del camino que tienes para nosotros.

Ayúdame a enseñarles a mis nietos que cuando te buscan a ti primero, tú nos das todo lo que necesitamos porque nos amas. Ayúdame a enseñarles de manera que entiendan que tu Palabra dice: «Mas buscad primeramente el reino de Dios y su justicia, y todas estas cosas os serán añadidas» (Mateo 6:33). Además, que «prueben y *vean que el Señor es b*ueno» y que son «dichosos los que en él se refugian» (Salmo 34:8, nvi*). También que «*nada falta* *a los que le temen»* (versículo 9). Y que *«los que buscan al Señor no carecerán de bien alguno»* (versículo 10, LBLA).

Ayúdame a explicarles que tú estás siempre cerca de ellos, y que nunca están solos. Además, que tú estás pendiente de cada detalle de sus vidas y quieres que hablen contigo en oración cada día.

Te lo pido en el nombre de Jesús.

La Palabra de Dios para mí

En esto se manifestó el amor de Dios en nosotros: en
que Dios ha enviado a su Hijo unigénito al mundo para
que vivamos por medio de Él.
1 Juan 4:9, lbla

Por lo cual estoy seguro de que ni la muerte, ni la vida,
ni ángeles, ni principados, ni potestades, ni lo presente,
ni lo por venir, ni lo alto, ni lo profundo, ni ninguna
otra cosa creada nos podrá separar del amor de Dios,
que es en Cristo Jesús Señor nuestro.
Romanos 8:38-39

En el amor no hay temor, sino que el perfecto
amor echa fuera el temor; porque el temor lleva en sí
castigo. De donde el que teme, no ha
sido perfeccionado en el amor.
1 Juan 4:18

¿Soy yo un Dios de cerca —declara el Señor— y
no un Dios de lejos?
Jeremías 23:23, lbla

Que habite Cristo por la fe en vuestros corazones, a
fin de que, arraigados y cimentados en amor, seáis
plenamente capaces de comprender [...] el amor de
Cristo, que excede a todo conocimiento, para que seáis
llenos de toda la plenitud de Dios.
Efesios 3:17-19

4

Señor, enséñales a mis nietos a honrar a su padre y a su madre

El quinto de los Diez Mandamientos dice: «Honra a tu padre y a tu madre, *para que tus días se alarguen en la tierra que* Jehová *tu Dios te da*» (Éxodo 20:12).

Pablo dijo: «*Hijos, obedeced en el Señor a vuestros padres, porque esto es justo. Honra a tu padre y a tu madre, que es el primer mandamiento con promesa; para que te vaya bien, y seas de larga vida sobre la tierra*» (Efesios 6:1-3).

Todos queremos que a nuestros nietos les vaya bien y tengan larga vida. Por eso a los niños hay que enseñarles a honrar a sus padres.

Los padres tienen la responsabilidad de insistir en el respeto de sus hijos, pero algunos padres no lo hacen. Los niños gobiernan la casa en lugar de los padres. Por eso debemos orar para que los padres de nuestros nietos reconozcan que la desobediencia, rudeza continua o comportamiento inaceptable continuo en sus hijos es una señal de falta de respeto a la autoridad de los padres y no se debe tolerar. Los padres que permiten esto perjudican a sus hijos y los preparan para muchos problemas en el futuro.

Ora para que a tus nietos se les enseñe a ser respetuosos y obedientes a sus padres, y que estos no les permitan contestarles o faltarles el respeto. La Biblia dice: «El que roba a su padre y ahuyenta a su madre, es hijo que causa vergüenza y acarrea oprobio» (Proverbios 19:26). Claro que los padres deben ser amorosos, bondadosos, justos y de fiar con sus hijos de modo que estos entiendan que solo Dios sabe lo que es mejor para ellos, al igual que sus padres.

Si tienes un nieto que ya está mostrando una actitud irrespetuosa para con sus padres, ora para que Dios intervenga. Pídele que te dé una oportunidad para explicarle al niño que el respeto y la obediencia son requerimientos de Dios para *todos*, porque Él quiere lo mejor para nosotros. Dios nos dice a *todos*, incluso a los adultos, que si queremos vivir una vida larga y buena, debemos honrar a nuestros padres.

Si uno de los padres de tu nieto ha mostrado falta de respeto hacia *ti*, ora para que el Señor ponga convicción en su corazón acerca de esto, y que lo confiese ante Dios. No vendría mal que se disculpe contigo, pero no ejerzas presión. Tampoco es buena idea soltar indirectas. Lo que puedes hacer es demostrar tu propia capacidad para perdonar, seguir adelante y dejar que Dios haga el resto.

Haz todo lo que puedas para inculcarles a tus nietos el amor y respeto hacia sus padres.

Pídele a Dios que te muestre cómo reafirmar las reglas que han establecido los padres, aunque te veas tentado a no hacerlo. Es posible que primero tengas que luchar en oración para poder resistir cualquier actitud en tus nietos que no honren a sus padres. Y quizá tengas que resistir alguna actitud en ti mismo si no estás de acuerdo con lo que piden los padres. Pídele a Dios que tome control de la situación para poder eliminar cualquier pensamiento de deshonra o falta de respeto.

Recuerda, la tarea de los padres es disciplinar y criar a sus hijos. La nuestra es ser abuelos y pensar que los nietos son perfectos sin importar lo que hagan.

Aun si un padre ha hecho cosas que no son dignas de honra, Dios igual requiere que los hijos no hagan algo que los deshonre. No tienen que ser los mejores amigos de un padre abusivo, pero tienen que honrarlos de lejos solo por haberles dado vida. Es decir, a menos que te entregaran los nietos para criarlos. Si eso sucede, búscate unas rodilleras y ora para que esos niños te obedezcan y honren igual como lo harían con cualquier padre.

Mi oración a Dios

Señor:

Levanto mis nietos a ti. (Nombra cada nieto ante Dios). Enséñales a honrar a sus padres. Ayuda a sus padres para que comprendan por qué es importante que exijan ese honor de sus hijos y no les permitan gobernar la familia. Muéstrales a los padres todo lo que dices en tu Palabra acerca de esto. Hazles entender lo importante que es esto para la calidad y duración de vida de sus hijos.

Dale a cada uno de mis nietos un corazón humilde para recibir la instrucción y que no se resistan a cada momento. Sé que todos los niños ponen a prueba los límites, así que te pido que los padres aclaren esos límites. Dale a cada padre la capacidad de cuidar a sus hijos con responsabilidad para que los hijos no se frustren ni se enojen.

Dale a cada uno de mis nietos el deseo de vivir una vida larga y buena que viene por honrar a sus padres, lo cual también te trae honra a ti. Ayúdame a estimularlos a hacerlo, y muéstrame las maneras de reafirmar esa actitud de respeto.

Cuando mis nietos estén conmigo, ayúdame a honrar las instrucciones y peticiones de sus padres para que nunca los aliente a ser desobedientes de ninguna manera a las reglas y los requerimientos de sus padres. Dame palabras que fortalezcan la imagen de los padres y cuánto se merecen su respeto. Si alguno de mis nietos es adulto y se necesita el perdón entre él y sus padres, te ruego que abras la puerta para que esto suceda. Capacítame para alentar esta restauración. Si nada de esto ha sucedido en la familia de mis nietos, te pido que nunca suceda.

Te lo pido en el nombre de Jesús.

Hijos, obedeced a vuestros padres en todo,

La Palabra de Dios para mí

porque esto agrada al Señor.
COLOSENSES 3:20

Al que maldiga a su padre y a su madre,
su lámpara se le apagará en la más densa oscuridad.
PROVERBIOS 20:20, NVI®

Al ojo que se mofa del padre, y escarnece
a la madre, lo sacarán los cuervos del valle,
y lo comerán los aguiluchos.
PROVERBIOS 30:17, LBLA

Afligidos y encadenados, habitaban en las más
densas tinieblas por haberse rebelado contra las palabras
de Dios, por menospreciar los designios del Altísimo.
Los sometió a trabajos forzados; tropezaban, y no había
quien los ayudara.
SALMO 107:10-12, NVI®

Escucha a tu padre, que te engendró, y no desprecies a
tu madre cuando envejezca.
PROVERBIOS 23:22, LBLA

5

Señor, dales a cada uno de mis nietos un corazón que sea rápido en perdonar

Nuestros nietos necesitan entender que *todos* los mandamientos y las reglas de Dios son para nuestro bien y están ahí porque Él nos ama. Cuando guardamos sus reglas, nuestras vidas van mejor. Por ejemplo, Dios quiere que perdonemos porque cuando no perdonamos, somos nosotros los que nos torturamos.

Cuando Pedro le preguntó a Jesús cuántas veces debía perdonar a alguien, Jesús le contestó, en esencia: «Tantas veces como sea necesario». (Lee Mateo 18:21-22). Entonces, le dio el ejemplo de un rey que perdonó a su siervo una *inmensa* deuda que le debía, pero que ese mismo siervo fue y se negó a perdonar a uno de sus compañeros que le debía una *pequeña* deuda.

El rey se enteró de lo que hizo su siervo, y «*enojado*, le entregó a los *verdugos*, hasta que pagase todo lo que le debía» (Mateo 18:34). Jesús dijo: «*Así también mi Padre celestial hará con vosotros si no perdonáis de todo corazón cada uno a su hermano sus ofensas*» (versículo 35).

No puede estar más claro. Dios nos perdonó a nosotros. Nosotros debemos perdonar a otros.

Cuando no perdonamos a otros de la manera que nuestro Padre Dios nos perdona a nosotros, nos torturamos a nosotros mismos. Nadie se escapa. Y esa tortura no cesa hasta que perdonamos. La falta de perdón no permite que nuestra vida fluya como debe. Nos hace desdichados porque se interpone entre Dios y nosotros hasta que nos liberamos de la ofensa.

Ora para que tus nietos no solo aprendan a ser personas que perdonen, sino que estén *prestos* a perdonar. Mientras más se demoren en hacerlo, más daño harán a sus cuerpos, mentes, emociones y vida. Insistir en no perdonar significa que sus vidas no podrán avanzar como es debido hasta que se deshagan de esto. Quienes no perdonan las ofensas, de inmediato se ven destinados a no salir de donde están. Y no solo eso, sino que de alguna manera sufrirán de manera física, mental y espiritual.

Hay demasiadas familias quebrantadas, y relaciones rotas en las familias, porque nadie les enseñó a perdonar. Algunos crecen y rompen todos los lazos con sus hermanos, padres y demás familiares a causa de un corazón que se niega a perdonar una ofensa. Esa clase de desobediencia no merece las consecuencias a pagar. Si conoces de algo similar en tu familia, o las familias de tus nietos, tus oraciones pueden marcar una gran diferencia.

Tus oraciones pueden ayudar a ablandar el corazón de las personas para que puedan oír mejor a Dios acerca de la necesidad de perdonar.

Jesús dijo: «*Todo lo que atéis en la tierra, será atado en el cielo; y todo lo que desatéis en la tierra, será desatado en el cielo*» (Mateo 18:18). Muchas veces me he preguntado cómo sería encontrarse con alguien en el cielo que te hizo algo malo a ti o a tu familia, pero luego se arrepintió, aceptó a Jesús y, al morir, entró al cielo. Si no lo hubieras perdonado en la tierra, ¿sería esto un problema para ti o para él cuando lleguen al cielo? Sin importar cuál sea la respuesta, creo que es mejor resolver el problema del perdón tan pronto como sea posible.

Jesús dijo: «Cuando estéis orando, *perdonad, si tenéis algo contra alguno, para que también vuestro Padre que está en los cielos os perdone a vosotros vuestras ofensas*» (Marcos 11:25). Esto significa que antes de orar debemos perdonar a cualquiera a quien no hayamos perdonado por completo. Algunos de nosotros, que tenemos personas que nos ofenden repetidamente, tenemos que perdonar a la misma persona muchas veces. Como insinuó Jesús... tantas veces como sea necesario.

Jesús también dijo que si no perdonamos, Dios no nos perdonará. Esto es serio. Quiere decir que muchas cosas que son cruciales para nuestra vida no vendrán si no perdonamos.

Decide ser un ejemplo piadoso para tus nietos de lo que es una persona presta para perdonar. Pídele a Dios que te muestre si necesitas perdonar a alguien por algo que sucedió en el pasado, o incluso tan reciente como ayer. No queremos que nuestros hijos y nietos hereden un espíritu de amargura que fluya de nosotros. La falta de perdón puede llegar a ser un rasgo familiar. Todos hemos visto familias donde la *falta* de perdón es perpetua. Hazte el propósito de *no* perpetuar esto en *ti* ni en *tu* familia. Conviértete en guerrero de oración que ora contra toda falta de perdón en tus hijos y nietos, a fin de que puedan recibir todo lo que Dios tiene que darles.

Perdonar es un acto de amor que damos, ya sea que la otra persona lo merezca o no, porque Dios, en su amor, nos ha perdonado a nosotros.

Los niños pueden aprender a perdonar tan pronto como sean capaces de comprender su significado. Ayuda que vean que sus padres saben hacerlo y pueden ser ejemplo. En cambio, si no lo son, tú puedes ser ese ejemplo. Debido a que es una herencia espiritual que les dejamos a nuestros hijos y nietos (consulta el capítulo 8), nos corresponde a nosotros perdonar a todos y cada uno como sea necesario, para que la falta de perdón no se convierta en un hábito que luego no podamos romper.

Uno de los mayores beneficios de conocer a Dios es que Él perdona todos nuestros pecados y nos libera de sus consecuencias. Él nos pide que perdonemos a otros. Esto nos hace libres de las tortuosas consecuencias de *no* perdonar.

Es lo menos que podemos hacer por todo lo que Dios ha hecho por nosotros.

Mi oración a Dios

Señor:

Levanto mis nietos a ti. (<u>Nombra cada nieto ante Dios</u>). Permite que cada uno de ellos tenga un corazón presto para perdonar. Permite que ninguna raíz de amargura entre a sus corazones porque no dejen pasar alguna ofensa. Ayuda a mis nietos a comprender la magnitud de tu amor, misericordia y perdón, y cuánto tú quieres que sean amorosos, misericordiosos y perdonadores con los demás.

Revélame cualquier lugar en mi corazón y mente donde no he perdonado a alguien, o donde he culpado a alguien por algo que me sucedió y no me he liberado de esto. No quiero cargar equipaje de más conmigo que no deje que mis oraciones tengan respuesta y eviten que reciba todas las bendiciones que tienes reservadas para mí. Además, no quiero que mis nietos hereden rasgos familiares que no les permita que reciban todo lo que tienes para *ellos*.

Ayuda a sus padres a perdonar también. Que donde haya falta de perdón en su corazón, sobre todo entre sí, se derribe la fortaleza de tortura y se convierta en polvo. Motívalos para que se nieguen a continuar perpetuándolo. Abre sus corazones para reconocer el daño que les causa la falta de perdón y ayúdalos para que decidan no vivir más de esa manera.

Haz que yo sea una influencia piadosa sobre mis nietos. Muéstrame cómo guiarlos en el camino del amor, la misericordia y el perdón. Enséñales para que aprendan a perdonar *con rapidez* y *por completo*, de modo que nunca los torture la falta de perdón... ni tu plan para sus vidas se entorpezca jamás.

Te lo pido en el nombre de Jesús.

La Palabra de Dios para mí

Si no perdonáis a los hombres sus ofensas, tampoco
vuestro Padre os perdonará vuestras ofensas.
Mateo 6:15

Yo os digo: Amad a vuestros enemigos,
bendecid a los que os maldicen, haced bien
a los que os aborrecen, y orad por los que os
ultrajan y os persiguen; para que seáis hijos de
vuestro Padre que está en los cielos.
Mateo 5:44-45

Perdónanos nuestras deudas, como también nosotros
perdonamos a nuestros deudores.
Mateo 6:12

Bendice, alma mía, al Señor, y no olvides ninguno
de sus beneficios. Él es el que perdona todas tus
iniquidades, el que sana todas tus enfermedades.
Salmo 103:2-3, lbla

Sean bondadosos y compasivos unos con otros, y
perdónense mutuamente, así como Dios los
perdonó a ustedes en Cristo.
Efesios 4:32, nvi®

6

Señor, enséñales a mis nietos las maneras de mostrar su amor por ti

Todos tenemos personas conocidas, tanto adultos como niños, que se quejan. Son pocas las cosas por las que se sienten agradecidos. Día tras día protestan acerca de algo en vez de ver las cosas buenas en sus vidas. Son infelices y desdichados. Su vaso siempre está medio vacío en vez de medio lleno. No queremos eso para nuestros nietos. La falta de agradecimiento por lo que tienen conduce a una vida miserable que no dejará que reciban todo lo que Dios tiene para ellos.

Tener un corazón agradecido beneficiará a un niño por el resto de su vida.

Ora para que tus nietos conozcan a Dios, entiendan su amor por ellos y confíen que Él los cuidará. La dependencia de Dios y el agradecimiento por lo que hace por todos crea un corazón agradecido. Ora también para que aprendan a expresar su amor por Dios con acción de gracias y alabanzas, a fin de que puedan ver cómo esa actitud abre sus vidas a las maravillosas bendiciones que Él tiene para ellos.

Por supuesto que todo esto se aprende cada vez más en cada etapa y fase de desarrollo de la vida de un niño. Por ejemplo, un niño de tres años puede dar gracias a Dios por los alimentos, la familia y sus mascotas. Uno de nueve años puede alabar a Dios y darle gracias por sus padres, amigos, maestros y hogar. A los trece años, un adolescente puede alabar a Dios como el dador de todo lo que es bueno en la vida, como el amor, la dirección, la protección, los amigos y la salud. La Biblia dice que le demos «gracias al Señor porque Él es bueno» y «porque para siempre es su misericordia» (Salmo 136:1, lbla). Solo la bondad y la misericordia de Dios son las razones por las que debemos adorarle.

Un corazón de agradecimiento y alabanza, y no un espíritu de queja y privilegio, abre el canal a través del cual las bendiciones de Dios fluyen a nuestras vidas.

El primer paso hacia ser una persona agradecida es saber que Dios es bueno, *siempre bueno*. Ser capaz de reafirmarles esa verdad a tus nietos es importantísimo para ellos. Algo poderoso es enseñarles a reconocer a diario todo lo bueno que hay en sus vidas y decir: «Gracias, Señor, por todo». Y enseñarles a que aun cuando suceda algo malo Dios sigue siendo bueno, les da más que suficiente razón para darle gracias.

Yo les enseñé a mis hijos a mirar la situación que los preocupaba y decir: «¿Dónde está lo bueno en esta situación?». Encontrar lo bueno y darle gracias a Dios por eso conduce a un corazón lleno de alabanza. Y ese es el corazón que Dios quiere llenar de su amor, paz, gozo, belleza y poder. En otras palabras, de sí mismo.

¿Quién no necesita eso?

Esto es algo muy importante para nuestros nietos. Ser agradecidos a Dios ancla su corazón más cerca de Él. Y cuando están conectados con Él y *su* vida está en *ellos*, habitan en *su* reino.

Ora de manera específica para que tus nietos maduren y aprecien la persona que Dios quiso que fueran. Compararse siempre con otros y sentirse como si no fueran suficientes los prepara para el desastre, sobre todo entre hermanos. Cada niño es único y tiene talentos y habilidades especiales, y necesitan asegurarse de esto. A menudo los padres están muy ocupados y no pueden hacerlo solos, así que tú puedes ser la persona que le reafirme a cada nieto su singularidad y que le digas que Dios tiene grandes planes y propósitos para su vida. (Hablaré más de esto en los capítulos 24 y 25).

Tu reafirmación constante y coherente de la persona y el valor de cada uno de tus nietos les animará a ser agradecidos por quienes son. Enseñarlos a expresar su agradecimiento a Dios por todo puede crearles un corazón de alabanza y adoración, y les ayudará a convertirse en personas que son agradecidas cada día.

Tus oraciones por tus nietos sobre esto influirán en sus vidas para siempre. Pueden quitarles la carga de sentirse incompetentes, o nunca permitirle que la tengan en primer lugar, y ayudarles a apreciar para lo que les creó Dios. Un corazón de adoración es un corazón que recibe todo lo que Él quiere derramar en sus vidas.

La Biblia dice: «Aunque conocían a Dios, no le honraron como a Dios *ni le dieron gracias, sino que se hicieron vanos en sus razonamientos y su necio corazón fue entenebrecido*» (Romanos 1:21, LBLA). No queremos que el razonamiento de nuestros nietos se envanezca ni que tengan corazones necios porque nadie les enseñó a ser agradecidos a Dios. La Biblia también dice: «*Ofrezcamos siempre a Dios, por medio de él, sacrificio de alabanza*, es decir, fruto de labios que confiesan su nombre» (Hebreos 13:15).

Así que hagamos esto. Empezando con *nosotros*. Demos gracias a Dios y alabémosle con tanta frecuencia que esto penetre en los corazones de todos los que nos rodean, sobre todo en nuestros nietos.

Mi oración a Dios

Señor:

Levanto mis nietos a ti. (<u>Nombra cada nieto ante Dios</u>). Ayúdales a entender lo bueno que eres tú... en todo momento. Ayúdalos para que aprendan cómo tú nos perdonas, nos sanas, nos salvas de la destrucción, nos muestras bondad, y siempre eres bondadoso y misericordioso para con nosotros. (Lee el Salmo 103). Ayuda a cada uno de mis nietos a comprender quién eres en verdad para que puedan aprender a amarte por sobre todas las cosas. Que el conocimiento claro de quién eres les lleve a no dejar que nada ni nadie se interponga jamás entre ellos y su amor por ti. Ayúdalos a pensar en ti como su mayor tesoro, a fin de que te den cabida a ti en su corazón y a todo lo que tienes para sus vidas.

Tu Palabra dice: «Generación a generación celebrará tus obras, y anunciará tus poderosos hechos» (Salmo 145:4). Te ruego que me ayudes a hablarles a mis nietos sobre mi agradecimiento a ti por todo lo que has hecho por *mí*, así como por *ellos*. Ayúdame a expresarles mi alabanza a ti por todo lo que eres y todo lo que haces, de modo que aprendan a imitar esa actitud. Si alguno de mis nietos tiende a protestar o a no ser agradecido, convierte ese corazón en uno agradecido. Muéstrame cómo puedo animarlo a que lo haga.

Enseña a mis nietos a que le den cabida a tu amor en su corazón al expresar a diario *su* amor por ti. Gracias porque cuando te alaban, esto les abre el corazón para que derrames en sus vidas más de tu amor, gozo y paz.

Tu Palabra dice: «Donde esté vuestro tesoro, allí estará también vuestro corazón» (Mateo 6:21). Ayuda a mis nietos a hacer de ti su mayor tesoro. Capacítame a mí para enseñarles que te amamos porque tú «nos amaste primero», y que amarte es lo primero y lo más importante que podemos hacer en nuestras vidas (1 Juan 4:19).

Te lo pido en el nombre de Jesús.

La Palabra de Dios para mí

Amarás al Señor tu Dios con todo tu corazón, y con toda tu alma, y con toda tu mente y con todas tus fuerzas. Este es el principal mandamiento.
MARCOS 12:30

Porque mejor es tu misericordia que la vida; mis labios te alabarán. Así te bendeciré en mi vida; en tu nombre alzaré mis manos.
SALMO 63:3-4

Bueno es dar gracias al SEÑOR, y cantar alabanzas a tu nombre, oh Altísimo; anunciar por la mañana tu bondad, y tu fidelidad por las noches.
SALMO 92:1-2, LBLA

¡Ofrece a Dios tu gratitud, cumple tus promesas al Altísimo! Invócame en el día de la angustia; yo te libraré y tú me honrarás.
SALMO 50:14-15, NVI®

Te alabaré con todo mi corazón [...] por tu misericordia y tu fidelidad.
SALMO 138:1-2

7

Señor, revélales a mis nietos cómo amar a los demás de la manera que lo haces tú

*D*ios quiere que amemos a otros al igual que Él nos ama a nosotros: de manera incondicional, infalible y perfecta. Sin embargo, esto no lo podemos hacer por nuestra cuenta. El amor humano es imperfecto débil y falible.

En cambio, el amor de Dios es perfecto. Nunca falla. Por eso necesitamos el amor de Dios en nosotros para poder amar a otros. Jesús dijo: «Este es mi mandamiento: Que os *améis unos a otros, como yo os he amado*» (Juan 15:12).

También dijo: «*Si guardareis mis mandamientos, permaneceréis en mi amor*; así como yo he guardado los mandamientos de mi Padre, y permanezco en su amor. Estas cosas os he hablado, para que mi gozo esté en vosotros, y *vuestro gozo sea cumplido*» (Juan 15:10-11). En otras palabras, cuando vivimos a la manera de Dios, vivimos en su amor, y esto nos da gozo que sea cumplido.

Dios dice que nuestro amor por otros es la señal de que le conocemos a Él. Es uno de los frutos del Espíritu que vive en nosotros. Mientras más tiempo pasemos con Dios en su Palabra, en oración, y en alabanza y adoración, mejor puede verse su amor en nuestro corazón. Esto significa que tenemos más amor para extender a los demás.

La Biblia dice: «Nadie ha visto jamás a Dios. Si nos amamos unos a otros, Dios permanece en nosotros, y su amor se ha perfeccionado en nosotros» (1 Juan 4:12). Esto significa que aunque nadie ha visto jamás a Dios, otros pueden verlo en *nosotros* cuando extendemos ese amor hacia *ellos*. Dios se complace cuando amamos a otros y le da significado a nuestras vidas. Sin embargo, no podemos amar de veras a otros si no amamos a Dios primero y recibimos su amor por nosotros. Entonces, al expresarle a Él nuestro amor, su amor crece en nosotros y se derrama hacia los demás.

Una de las maneras en que mostramos nuestro amor por Dios es amando a otras personas con el amor que Él pone en nuestros corazones.

Cuando Jesús habló de ser perfectos como «nuestro Padre que está en los cielos es perfecto», hablaba de *amar a otros como Él ama* (Mateo 5:48). Esto significa que sea de manera total, incondicional, misericordiosa, sin críticas y sin juicios. Solo podemos amar a otros así debido a su perfecto amor en nuestros corazones que el Espíritu Santo de amor produce en nosotros.

Amar a otros no significa amar al enemigo de Dios, pero sí podemos amar a alguien que ha estado bajo la *influencia* del enemigo de Dios. Y podemos mostrar ese amor orando para que Dios quebrante su corazón y lo abra a su verdad.

Debido al amor de Dios en nosotros, permitiendo nuestras oraciones, podemos desarrollar un amor por personas que nunca pensamos que fuera posible.

Dios quiere que nos vistamos «de amor, que es el vínculo perfecto» (Colosenses 3:14). Esto es algo que decidimos hacer y que lo hacemos de forma deliberada.

Podemos orar para que cada uno de nuestros nietos tenga un corazón de amor para sus familiares, amigos y otros. Podemos ayudarles a ver que tienen una decisión que tomar con respecto a amar a otros. Pueden decidir a conciencia obedecer a Dios y amar a los demás. Y pueden pedirle a Dios que los ayude a hacerlo.

Enséñales a tus nietos que el amor es *paciente* y *bondadoso*. No es envidioso. No se jacta ni es orgulloso, grosero, egoísta, ni se irrita o molesta con facilidad. El amor no tiene malos pensamientos ni se alegra del sufrimiento de otros. El amor busca el bienestar de los demás. (Lee 1 Corintios 13:4-8 y 1 Corintios 10:23-24). Si vemos a nuestros hijos y nietos, o incluso a nosotros mismos, actuando o pensando en cualquiera de esas maneras negativas, eso significa que no hemos decidido amar a otros con el amor que nos ha dado Dios.

Un niño que tiene el amor de Dios por los demás en su corazón prosperará.

Queremos que nuestros nietos tengan éxito en la vida, así que debemos orar para que aprendan a amar a otros de la manera que lo hace Dios.

Mi oración a Dios

Señor:

Levanto mis nietos a ti. (<u>Nombra cada nieto ante Dios</u>). Te pido que pongas amor por los demás en el corazón de cada niño, en especial por sus familias y amigos, pero también por las personas que no son fáciles de amar. Ayuda a mis nietos para que aprendan a amar como amas tú. Ayúdanos a todos, como familia, a echar a un lado la envidia, el orgullo, la rudeza, el egoísmo y la crítica, los cuales revelan la falta de amor hacia los demás, de modo que aprendamos a «andar en amor, como también Cristo nos amó» (Efesios 5:2).

Enséñales a mis nietos a comprender tu mandamiento de amar a otros. Que su amor por los demás sea la señal más importante de que te conocen, aman y sirven. Muéstrales si en alguna forma expresan falta de amor hacia otras personas. Ayúdales a ver que tú no bendecirás las cosas que hacen sin amor, pero las que nacen del amor durarán para siempre.

Permite que mis nietos comprendan que el amor es lo que da significado a todo lo que hacen. Ayúdalos a saber que uno de los mejores regalos que pueden darle a alguien es su oración. Si hubiera en algún momento un amigo, familiar, conocido o vecino que les molesta o les desprecia, enséñales a orar por esa persona y a entregártela. En vez de pensar en la retribución, muéstrales que la mejor venganza es orar para que esas personas difíciles tengan un encuentro contigo que cambie sus vidas. Permite que todos mis nietos lleguen a ser personas con un corazón que sobreabunde de tu amor por otros. Y ayúdame a mí a ser ejemplo de eso también.

Te lo pido en el nombre de Jesús.

La Palabra de Dios para mí

Sobre todo, sed fervientes en vuestro amor los unos
por los otros, pues el amor cubre multitud de pecados.
1 Pedro 4:8, lbla

Nadie busque su propio bien, sino el de su prójimo.
1 Corintios 10:24, lbla

Este mandamiento tenemos de Él: que el que
ama a Dios, ame también a su hermano.
1 Juan 4:21, lbla

El que aborrece a su hermano está en tinieblas,
y anda en tinieblas, y no sabe a dónde va, porque
las tinieblas le han cegado los ojos.
1 Juan 2:11

Así como queréis que los hombres os hagan,
haced con ellos de la misma manera.
Lucas 6:31, lbla

SEGUNDA SECCIÓN

Ora por la seguridad
y protección
de tus nietos

Protección

8

Señor, enséñame a ver la herencia que dejo como un abuelo que ora

esde el momento en el que te enteras que vas a ser abuelo, sientes un gran gozo. Una nueva persona a quien amar entrará a tu vida y la impactará para siempre. Puede que hasta entonces hayas hecho cosas importantes, pero ahora todo eso pasará a un segundo plano detrás de esta nueva adición. Esa noche vas a la cama emocionado y feliz, pero en la mañana despiertas con pensamientos de: «¿Qué tal si...?».

¿Qué tal si la madre no puede llevar el embarazo a término? ¿Y si se enferma? ¿Y si sufre un accidente? ¿Y si hay algo mal en su desarrollo? ¿Y si una persona malvada abusa de él? ¿Y si no puede asistir a una buena escuela en un área segura?

Estos pensamientos son interminables, y en seguida te convencen de que no tienes control sobre nada de eso. Tienes que echar mano a la influencia que Dios te da en la oración y orar por protección.

Entonces, ¿por dónde comenzar cuando hay tanto por lo cual orar?

Comienza en la Palabra de Dios. Es alentadora, da vida y edifica la fe.

Los versículos iniciales, justo antes del comienzo de este libro, dicen que los beneficios de la justicia del Señor en quienes amamos y servimos se extienden también a «los hijos de los hijos», nuestros nietos (Salmo 103:17, LBLA). La Biblia nos dice que nuestra manera de vivir no solo influye en *nuestra* felicidad y bienestar, sino en la de nuestros hijos y nietos. La Biblia dice: «*Bendijo a tus hijos* dentro de ti» (Salmo 147:13). Y «*su descendencia será establecida delante de ti*» (Salmo 102:28). Dice también: «En el temor del SEÑOR hay confianza segura, y *a los hijos dará refugio*» (Proverbios 14:26, LBLA). Esto significa que debido a que el temor del Señor está en nosotros, tenemos un lugar de protección y esperanza en Él que también puede extenderse a nuestros hijos y nietos.

Lo opuesto se les promete a quienes *no* aman a Dios ni viven a la manera de Él. De esta manera Dios se describe a sí mismo: «El SEÑOR, Dios compasivo y clemente, lento para la ira y abundante en misericordia y fidelidad [...] el que perdona la iniquidad, la transgresión y el pecado, y que no tendrá por inocente al culpable; *el que castiga la iniquidad de los padres sobre los hijos y sobre los hijos de los hijos* hasta la tercera y cuarta generación» (Éxodo 34:6-7, LBLA).

Esta es una aterradora advertencia para quienes deciden vivir sin Dios. No significa que cada vez que hacemos algo malo nuestros hijos vayan a sufrir. Nuestro arrepentimiento y negación a *continuar haciéndolo* los salva. Cuando vivimos con amor y reverencia a Dios y a sus caminos, dejamos una herencia espiritual para nuestros nietos. «*El hombre bueno deja herencia a los hijos de sus hijos*» (Proverbios 13:22, LBLA).

La Biblia dice que quienes recibimos a Dios somos sus hijos. «El Espíritu mismo da testimonio a nuestro espíritu, de *que somos hijos de Dios. Y si hijos, también herederos; herederos de Dios y coherederos con Cristo*» (Romanos 8:16-17). Esta es una rica herencia para nosotros, una que influye en las vidas de nuestros hijos y nietos también.

No te dejes intimidar por la palabra «hombre» en Proverbios 13:22. Eso no significa que las oraciones de las *abuelas* no cuenten. En su lugar, inserta la palabra «persona». O piensa en la palabra «humanidad», que es la que usamos para representar tanto a hombres como mujeres. La cuestión es que nuestra relación con Dios influye en nuestros hijos y nietos. No toma el lugar de su propia relación con Dios. Todavía tienen que rendirle cuentas a Dios. Y no significa que si algo malo le sucediere a uno de nuestros nietos, es culpa nuestra. Significa que nuestra obediencia a Dios viene conectada a las bendiciones para nuestros descendientes.

La presencia de Dios, los nietos y otras adicciones

Quizá pienses: *No siempre he vivido a la manera de Dios.* O: *Solo conocí al Señor hace poco.* O: *En realidad, nunca he aceptado a Jesús en mi corazón. ¿Aun así se aplican estas promesas a mi vida?* Por supuesto que sí. Eso se debe a que nunca es tarde para comenzar una relación con el Señor. Solo ora: «Querido Jesús, creo que tú eres el Hijo de Dios que murió en mi lugar para pagar el precio de mis pecados, y que resucitaste de entre los muertos para garantizarme la vida eterna contigo y una vida mejor aquí en la tierra. Perdona mis pecados y ayúdame a vivir a tu manera ya mismo».

Una vez que hagas esa oración y recibas a Jesús, su Espíritu vive en tu corazón. Ahora tienes acceso a su presencia cada vez que ores o le adores. Su presencia te traerá el gozo pleno de saber para lo que te crearon. Te convertirás en un adicto a su maravillosa presencia, consoladora y sanadora, y nunca vas a querer vivir sin ella.

Recibir a Jesús también significa que de ahora en adelante serás libre de las malas adicciones o el mal comportamiento. Mientras que vivas a su manera y dependas de Él por completo, te capacitará para subir por encima de las cosas en tu vida que no son su voluntad para ti. Te ayudará a vivir la vida por la cual murió: una vida de bendición, esperanza y propósito.

Los nietos están entre las bendiciones más grandes, y es fácil ser adictos a ellos. Pensar siempre en ellos y querer estar a su lado es una *buena* adicción. La presencia de Dios y los nietos son dos adicciones que siempre traen gozo.

Si heredaste los nietos a través del matrimonio, bien sea que te casaras con alguien que ya tenía hijos o nietos, o uno de tus hijos se casó con alguien que ya tenía hijos, la situación puede ser más delicada. Quiero que sepas que tus oraciones pueden influir de manera positiva en las vidas de todos. Puedes hacer las mismas oraciones que están en este libro por ellos, pero pídele al Espíritu Santo que te dirija para orar en específico por estas relaciones familiares frágiles. Pídele que te muestre cómo puedes ser de bendición. Y no pienses que ellos siempre van a actuar como quieres que actúen. Eso te hace vulnerable a los sentimientos heridos. Pídele a Dios que abra sus corazones si parecen estar cerrados. Solo Él puede hacerlo. Solo sigue orando y pidiéndole a Dios que sane las relaciones dondequiera que estén rotas.

No te olvides que ser un abuelo o una abuela que oran no es solo algo bueno que podemos hacer, es un llamamiento, un privilegio y un compromiso. Ya sea que la conexión con tus nietos sea biológica, por adopción o los heredaste a través del matrimonio, si los ves a menudo o nunca, siempre necesitarán de tus oraciones. Si alguna vez te parece que no se merecen tus oraciones, ora de todos modos, solo porque es la voluntad de Dios y esto le agrada.

Orar por tus nietos es un ministerio de toda la vida para ti. No tienes idea de cuán poderosas y eficaces son tus oraciones, ni cuán lejos pueden llegar. Dios no solo escuchará y contestará tus oraciones, sino que *continuará haciéndolo* mucho después que vayas a morar con Él. Tus oraciones pueden influir a generaciones después de ti para su gloria.

Comienza orando para que todas las generaciones, desde tus hijos y nietos, conozcan a Jesús como su Salvador y Señor, y vivan para Él.

No sabemos cuándo regresará el Señor, así que no dejes de orar hasta que lo veas. Tus oraciones por tus nietos serán un aspecto importante en su seguridad y protección. Serán la mejor herencia que puedes dejarles porque durarán toda una vida... la tuya y la de ellos.

Debido a que has vivido más y puedes ver el cuadro completo, mientras que los padres se preocupan más por los detalles diarios de la vida que es lo que deben hacer, tú puedes ver la vida desde una perspectiva mayor, la perspectiva de Dios.

Y la perspectiva de Dios siempre dirigirá tus oraciones.

Mi oración a Dios

Señor:

Levanto mis nietos a ti. (<u>Nombra cada nieto ante Dios</u>). Ayúdame a ver con claridad la herencia espiritual que le dejo a cada uno cuando oro por ellos. Gracias por todas las preciosas promesas en tu Palabra que declaran que bendecirás a mis hijos y nietos cuando vivo a tu manera. Sé que los hijos son un regalo tuyo y los nietos son una corona de gloria sobre mi vida (Proverbios 17:6). Sé que no importa si veo a mis nietos a menudo o no, puedo estar siempre a su lado cuando oro por ellos.

Gracias porque tú escuchas «la oración de los justos» (Proverbios 15:29). Y yo soy justo porque te recibí a ti, Jesús, y te amo y sirvo. Gracias porque mis oraciones por mis nietos son duraderas, y que cuando me vaya de esta tierra para estar contigo, el efecto de mis oraciones se seguirá sintiendo.

Tu Palabra dice que mis hijos y *sus* hijos serán «establecidos delante de ti» (Salmo 102:28). Sé que «el hombre bueno deja herencia a los hijos de sus hijos» (Proverbios 13:22, LBLA). Gracias porque hay una herencia que puedo dejarles a mis hijos y nietos que es mucho más valiosa que las posesiones, y ese regalo precioso es una herencia espiritual que les ayudará a establecerse sobre un buen fundamento.

Ayúdame a vivir a tu manera, y confesarte cuando no lo haga, para estar limpio delante de ti. Ayúdame a cumplir mi llamado a orar, sobre todo por mis hijos y nietos. Gracias porque me llamaste «para una herencia incorruptible, incontaminada e inmarcesible, reservada en los cielos» (1 Pedro 1:4). Ayúdame a vivir en obediencia a tus mandamientos a fin de poder dejarles un gran legado espiritual a mis hijos y a mis nietos.

Te lo pido en el nombre de Jesús.

La Palabra de Dios para mí

Ya no eres esclavo, sino hijo; y si hijo, también
heredero de Dios por medio de Cristo.
GÁLATAS 4:7

En él asimismo tuvimos herencia, habiendo sido
predestinados conforme al propósito del que hace todas
las cosas según el designio de su voluntad.
EFESIOS 1:11

La cabeza canosa es corona de gloria,
y se encuentra en el camino de la justicia.
PROVERBIOS 16:31, LBLA

Dando gracias al Padre que nos ha capacitado para
compartir la herencia de los santos en luz.
COLOSENSES 1:12, LBLA

No devolviendo mal por mal, o insulto
por insulto, sino más bien bendiciendo,
porque fuisteis llamados con el propósito
de heredar bendición.
1 PEDRO 3:9, LBLA

9

Señor, ayuda a los padres de mis nietos a criarlos en tus caminos

*T*odo padre necesita oración. Siempre ha sido así. Sin embargo, hoy en día hay tantos desafíos aterradores en el mundo que criar y preparar a nuestros hijos para enfrentarlos se ha convertido en una tarea agobiante. No importa cuán difícil fuera nuestra vida cuando criamos a *nuestros* hijos, los peligros en su generación son mucho peores de que lo que fueron en la nuestra. Criar a sus hijos con seguridad puede resultarles sobrecogedor. Los padres de tus nietos necesitan tu apoyo en oración. Por eso puede que a veces te encuentres orando tanto por los *padres* como por los nietos.

Es posible que uno de los mejores regalos que puedas darles a tus nietos sea el de orar por sus padres.

Ante todo, ora para que la paz de Dios reine en su hogar y que los padres vivan en unidad respecto a la crianza de los hijos. Esto es importante en especial si los padres están divorciados, lo cual es siempre una situación delicada, y mucho más si uno de los padres quiere ser el favorito del niño sin importar cómo lo logra.

La Biblia dice que enseñemos al niño en el camino de Dios porque entonces terminará viviendo según las leyes de Dios (Proverbios 22:6). Sin embargo, muy a menudo a los niños no los crían en el camino de Dios. Así que ora primero para que tu hijo, nuera, hija o yerno, igual que los padrastros de tus nietos, si existen, conozcan al Señor. Si no conocen a Jesús, ora para que le abran su corazón y le reciban. Nunca dejes de orar por esto. Si ya conocen al Señor, ora para que su relación con Él se fortalezca, y que su fe sea sólida y siempre vaya en crecimiento. La vida y la naturaleza espiritual de los padres determinará de muchas maneras si sus hijos andan o no por el buen camino.

Ora para que los padres enseñen bien a sus hijos acerca de Dios y sus caminos, y que puedan ser un buen ejemplo en ese aspecto. Dios dijo de sus mandamientos: «Estas palabras que yo te mando hoy, estarán sobre tu corazón; *y las repetirás a tus hijos, y hablarás de ellas estando en tu casa*, y andando por el camino, y al acostarte, y cuando te levantes» (Deuteronomio 6:6-7). En otras palabras, mañana, tarde y noche. Siempre. Sin cesar.

Si no criaste tus hijos en el camino de Dios, y crees que cometiste errores y ahora ves las consecuencias en tus hijos, ten la seguridad de que Dios es el Redentor. Él redime todas las cosas. Deja de castigarte por esto. Las misericordias de Dios son nuevas cada mañana, así que comienza renovado hoy y tráelo todo ante el Señor, pidiéndole que te perdone donde sea necesario el perdón. Pídele que redima todo lo que se ha perdido. Comprométete a orar por tus hijos para que le abran su corazón a Dios y vivan en el camino de Él ahora. Tus oraciones pueden hacer que hagan un viraje completo.

Se paciente y sigue orando. Lleva tiempo hacer girar un barco en dirección contraria.

La sabiduría en la disciplina

Gran parte de tus oraciones para que los padres de tus nietos sean capaces de cuidarlos y criarlos como es debido es orar para que tengan sabiduría al disciplinarlos. Demasiada disciplina o muy poca pueden traerles problemas a los niños en el futuro.

Dios les da la responsabilidad a los padres de criar a sus hijos con amor, dirección y disciplina piadosa. Deben asegurarse que los niños tengan una actitud adecuada, edificada sobre un fundamento de amor e instrucción. Esto significa que no deben tratar de «enseñar» a sus hijos con críticas, ni hacerlos sentirse como si nunca cumplieran con sus altas expectativas. De ninguna manera los padres deben hacer sentir a sus hijos abandonados, temerosos o desesperanzados. Cuando los hijos crecen con estas emociones negativas, les cuesta trabajo aprender lo que tienen que aprender. Eso se debe a que tienen que aprender primero cómo sobrevivir. Así que ora para que los padres de tus nietos les enseñen a sus hijos a ser obedientes, y sepan disciplinarlos en amor cuando no lo sean.

Tal como los padres no pueden ser muy duros y despiadados con los hijos, tampoco deben ser demasiado tolerantes y descuidados. Los dos extremos producen malos resultados. Si se es demasiado duro, puede dañarse el espíritu de los niños y en algún momento se rebelarán. Si se es demasiado tolerante, los abandonamos a que hagan lo que quieran sin consecuencias aparentes, y esa decepción puede llevarlos a la ruina. La Biblia dice: «Hijos, obedeced en el Señor a vuestros padres, porque esto es justo» (Efesios 6:1). También dice que a los niños se les debe *enseñar de manera amorosa*, y no provocarlos a ira y frustración. (Lee Efesios 6:4).

La adecuada disciplina equilibrada con amor es uno de los mejores caminos hacia la seguridad para tus nietos, porque si son desobedientes a los padres, no les irá bien en la vida. La

Biblia dice: «Corrige a tu hijo, y te dará descanso, y dará alegría a tu alma» (Proverbios 29:17). Sus padres y tú solo podrán tener tranquilidad por tus nietos si se han corregido como es debido en amor.

La Biblia también dice que los padres que aman de veras a sus hijos los disciplinarán «temprano» (Proverbios 13:24). Aprender que hay consecuencias inmediatas a la desobediencia puede salvar la vida de un niño.

Ora para que a tus nietos les enseñen también a seguir las instrucciones de otros a quienes Dios pone en autoridad sobre sus vidas, como los maestros y agentes del orden.

Dios le prometió a David: «*Si tus hijos guardaren mi pacto, y mi testimonio que yo les enseñaré*, sus hijos también se sentarán sobre tu trono para siempre» (Salmo 132:12). Dios le prometió a David que sus hijos serían bendecidos, y sus hijos también, si vivían a la manera de Dios. Lo lamentable es que David no enseñó con diligencia a sus hijos para que siguieran al Señor. Ni tampoco los disciplinó como era debido. Fue demasiado tolerante, y pagaron un precio alto y severo por sus acciones impías.

Ora para que los padres de tus nietos sean alentadores, cariñosos, pacientes y tiernamente afectuosos con sus hijos.

Ora también para que los padres de tus nietos hagan lo que sea necesario a fin de mantener a los niños fuera de malas escuelas y lejos de personas con malas influencias. Para un niño, una mala escuela y un área mala donde vivir, pueden marcar la diferencia entre la vida y la muerte, el éxito y el fracaso.

Los hijos son un regalo de Dios, pero no todos lo ven así. «*Los hijos son una herencia del Señor, los frutos del vientre son una recompensa.* Como flechas en las manos del guerrero son los hijos de la juventud. Dichosos los que llenan su aljaba con esta clase de flechas» (Salmo 127:3-5, NVI°). Ora para que los padres de tus nietos vean a sus hijos como regalos de Dios.

Los hijos pertenecen a Dios, y Él nos los da y los confía a nuestro cuidado. Son importantes para Él, y Él no mira bien a nadie que los maltrate. Ora para que los padres de tus nietos sean temerosos de Dios porque «el temor de Jehová es manantial de vida para apartarse de los lazos de la muerte» (Proverbios 14:27).

Amar y cuidar a los niños es una de las maneras que honramos a Dios y edificamos su reino. Ora para que los padres de tus nietos no estén demasiado ocupados para criar a sus hijos en los caminos de Dios. Ora para que vean que criar a sus hijos en los caminos de Dios no solo le trae honra a Él, sino que ayuda a edificar su reino en la tierra.

Mi oración a Dios

Señor:

Levanto a los padres, padrastros o tutores de mis nietos a ti. (<u>Nombra a cada uno ante Dios</u>). Te ruego que sepan enseñarle a cada niño a obedecer, no solo a ellos, sino a todos los que están en autoridad en sus vidas, tales como maestros o agentes del orden. Enséñales a los padres a andar en tus caminos de modo que se lo enseñen a sus hijos también. Te pido que si uno de los padres no te conoce, tú le abras la mente para que vea tu verdad y abra su corazón para recibir tu vida. Enséñales a los padres de mis nietos tus leyes y permíteles que les enseñen tus caminos a sus hijos también.

Si en algo fallé al criar a mis hijos según tus leyes, perdóname. Nunca fue mi intención. Muéstrame cualquier actitud o acción indebida que cometiera a fin de confesarla delante de ti. Ayúdame a ver con claridad cualquier error que cometiera en la crianza de mis hijos. No permitas que mis fracasos afecten ahora a mis hijos y nietos.

Si mi hijo o hija, mi yerno o nuera no andan en tus caminos, te pido que les hables a su conciencia y les traigas al arrepentimiento ante ti para despejar el ambiente. Elimina cualquier actitud mental o prejuicio que les impidan ver con claridad todo lo que tú has hecho.

Envía creyentes a la vida de cada uno de los padres de manera que estos influyan para tu gloria. Quita las malas influencias para que no se alejen de tu reino. Libéralos de adicciones, malos hábitos o conductas impías para que puedan ser buenos ejemplos para sus hijos.

Ayuda a los padres de mis nietos a darse cuenta de que sin ti no pueden criar bien a sus hijos. Permíteles que sepan cómo disciplinar a sus hijos a tiempo en el amor y de manera adecuada. Ayúdalos para que no sean tan tolerantes que los niños se conviertan en malcriados y revoltosos. E impide que sean tan estrictos que les quebranten el corazón y el espíritu.

Dales a los padres sabiduría piadosa para que tomen las decisiones apropiadas con cada uno de sus hijos. Que te inviten a tomar el control de sus hijos y busquen tu ayuda para criarlos en tus caminos. Instrúyelos para que les enseñen a sus hijos tu Palabra y puedan vivir una vida buena y larga. (Lee Deuteronomio 11:18-21).

Haz que los padres de mis nietos se comuniquen bien entre sí, de modo que estén unidos en cuanto a la crianza de sus hijos. Te ruego que cada uno tenga el mejor interés de los niños en su corazón y mente, y no trate de socavar la instrucción apropiada haciendo o permitiendo que las cosas ganen el afecto de los niños que lo aleja del otro padre. Dale a cada padre un corazón dispuesto a servirte por sobre todas las cosas.

Te lo pido en el nombre de Jesús.

La Palabra de Dios para mí

Enseña al niño el camino en que debe andar,
y aun cuando sea viejo no se apartará de él.
PROVERBIOS 22:6, LBLA

Grabad, pues, estas mis palabras en vuestro
corazón y en vuestra alma [...] Y enseñadlas a
vuestros hijos, hablando de ellas cuando te sientes
en tu casa y cuando andes por el camino, cuando
te acuestes y cuando te levantes. Y escríbelas
en los postes de tu casa y en tus puertas,
para que tus días y los días de tus hijos
sean multiplicados.
DEUTERONOMIO 11:18-21, LBLA

Padres, no provoquéis a ira a vuestros hijos, sino
criadlos en disciplina y amonestación del Señor.
EFESIOS 6:4

[Él] no quitará el bien a los que andan en integridad.
SALMO 84:11

10

Señor, protege a mis nietos de peligros y amenazas

Todos conocemos bien los muchos peligros que hay en el mundo actual. Son peores de lo que jamás imaginamos que pudieran ser y los encontramos en lugares que nunca antes pensamos que fueran inseguros, como escuelas, salas de cine, restaurantes y centros comerciales. A veces los perpetran personas que quizá tampoco pensáramos que fueran tan peligrosamente anormales.

¿Cómo comenzar siquiera a proteger a nuestros hijos y nietos donde estén? Podemos educarlos en casa y no dejar que vayan a cines o comercios, pero aun así no tenemos garantías. Un día salen al mundo y, como ya hemos visto, el desastre puede estar dondequiera.

Ni nosotros ni los padres pueden proteger a nuestros nietos de todo. Eso solo lo puede hacer Dios.

Debemos orar a diario para que la mano de protección de Dios cubra a nuestros nietos. Aun cuando cuido a mis nietas en mi propia casa, estoy orando a cada momento para que Dios las proteja y me ayude a reconocer todos los posibles peligros. Tengo a dos pequeñitas menores de dos años conmigo de las que no puedo quitar los ojos de encima por un segundo siquiera. Con solo pensar que les pase algo en cualquier momento es aterrador, pero sería inconcebible si fuera cuando están conmigo. Siempre oro fervientemente por esto. Como todos sabemos, los accidentes ocurren de manera rápida y súbita. Así que tenemos que orar sin cesar por la protección de Dios sobre nuestros nietos, al igual que por sus padres, y por los que los cuidan, otros abuelos o familiares que ayudan a cuidarlos.

Ora para que tus nietos estén seguros en su propia casa. Los temibles accidentes pasan en la casa cuando menos lo esperamos. Eso se debe a que en casa bajamos la guardia y no siempre vemos los posibles peligros por delante.

Ora para que tus nietos estén seguros dondequiera que viajen. Ora para que estén seguros en el auto, avión, autobús o tren en que viajen. Ora por su seguridad, ya sea que monten bicicleta o caminen, en todas las calles y en todos los edificios a donde entren.

Ora por vecindarios buenos y seguros donde vivir. Ora por buenos vecinos. La Biblia dice: «No intentes mal contra tu prójimo *que habita confiado junto a ti*» (Proverbios 3:29). Un buen vecino es una gran parte de la seguridad de tus nietos. Si no viven ahora en un vecindario seguro, ora para que su familia pueda mudarse a uno que lo sea. Ora para que cualquier peligro oculto, dondequiera que esté, salga a la luz y no pueda amenazar a tus nietos en ningún momento.

Ora para que no ocurran accidentes repentinos. A cada uno de mis hijos lo tuvimos que llevar a urgencias para que les suturaran en la cabeza a los dos años de edad, y los dos accidentes ocurrieron delante de mí. Yo no estaba ni a un metro de distancia, y todo pasó con tal rapidez que no pude hacer nada para impedirlo. Los dos hicieron un movimiento rápido que no esperaba. Mi hijo saltó de pronto de la cama y se dio con la cabecera. Mi hija comenzó a correr en la habitación del hotel y antes que salieran de mi boca las palabras «¡No corras!», tropezó y se cayó en la esquina de una pared. Después de eso aprendí a orar siempre respecto a los accidentes.

Ora para que tus nietos crezcan con gran capacidad de sentir el peligro. Pídele a Dios que les capacite para saber cuándo lo que hacen es un peligro para ellos o para otros. Tener un sentido del peligro me ha salvado la vida a mí y a mis hijos en muchas ocasiones. Dios nos da sabiduría, percepción, revelación, entendimiento y sentido común cuando lo pedimos.

Dios dice que cuando nos volvemos a Él, «tus oídos oirán a tus espaldas palabra que diga: Este es el camino, andad por él; y no echéis a la mano derecha, ni tampoco torzáis a la mano izquierda» (Isaías 30:21). Ora para que tus nietos puedan escuchar esas palabras de Dios en su corazón desde muy temprana edad.

Aun así, por más que oremos y por más que tratemos, los accidentes pueden ocurrir. Entonces, ora para que no haya daño permanente y que todo el mundo aprenda a ser más cauteloso como resultado. La verdad es que solo Dios puede mantenernos a nosotros, a nuestros hijos y nietos en la seguridad que anhelamos a diario. Solo Dios nos puede proteger a nosotros, y a esos por quienes oramos, de los peligros invisibles que nos asechan. Nunca debemos dejar de orar por esto.

Dicho esto, los niños pueden enfermarse o herirse, y algunos pueden morir. Es una de las realidades desgarradoras e impensables de la vida. Hay muchas razones por las que sucede esto, demasiadas para analizarlas ahora. No obstante si esto sucediera, Dios permita que tengamos el consuelo de saber que no fue porque no oramos. Y aunque se nos parta el corazón y sintamos la pérdida por el resto de la vida, tenemos la seguridad de que este precioso niño está con Jesús y le veremos otra vez.

Mi oración a Dios

Señor:

Te ruego por mis nietos. (Nombra cada nieto ante Dios). Te pido que pongas sobre ellos tu mano de protección. Protégelos de accidentes y peligros de cualquier clase. Rodéalos con tus ángeles. Sé que «solo tú» los puedes hacer «vivir confiado» (Salmo 4:8). Ayúdalos a entender que tú eres su protector, y que puedes mantenerlos seguros cuando andan en tus caminos y buscan tu mano de protección. Ayúdales a ver que cuando van por sus propios caminos, sin tenerte en cuenta, se apartan fuera de tu protección.

Dales a mis nietos la capacidad de sentir el peligro... hacia ellos o los demás. Ayúdalos a oír tu voz cuando les hablas a su corazón diciendo: «Anda por este *camino*, no por *ese*». (Lee Isaías 30:21). No dejes que tengan paz al ir a algún lugar o hacer algo que los expondrá a ellos o a otros al peligro.

Te ruego que mis nietos siempre vivan en vecindarios seguros con buenos vecinos. Enséñales a ser una bendición para sus vecinos y otros en la escuela, empleo y a cualquier parte que vayan. Donde haya personas peligrosas, que ninguna se les acerque para amenazarles de cualquier forma. Desenmascara las amenazas que los acosadores o la gente mala puedan traerles, y quita esas personas de sus alrededores. Si es necesario, haz que mis nietos y su familia puedan mudarse a un vecindario más seguro.

Mantén alerta a los padres de mis nietos, los padrastros, sus cuidadores y todos los que les rodean de todos los peligros posibles. Cuando esté con ellos, mantenme alerta de los peligros también. Hazme ver las cosas que necesito ver. Protege a mis nietos en los autos, aviones, trenes, autobuses, bicicletas y otros medios de transporte. Protégelos dondequiera que anden y en cualquier actividad en que participen. Gracias, Señor, que puedo tener paz porque sé que tú nos proteges y nos ayudas a vivir seguros cuando oramos y andamos en tus caminos.

Te lo pido en el nombre de Jesús.

La Palabra de Dios para mí

Él ordenará que sus ángeles te cuiden
en todos tus caminos.
SALMO 91:11, NVI®

No temerás el terror de la noche, ni la flecha que
vuela de día, ni la pestilencia que anda en tinieblas,
ni la destrucción que hace estragos en medio del día.
Aunque caigan mil a tu lado y diez mil a tu
diestra, a ti no se acercará.
SALMO 91:5-7, LBLA

Por la opresión de los pobres, por el gemido de los
menesterosos, ahora me levantaré, dice Jehová;
pondré en salvo al que por ello suspira.
SALMO 12:5

Porque has puesto al SEÑOR, que es mi refugio,
al Altísimo, por tu habitación. No te sucederá ningún
mal, ni plaga se acercará a tu morada.
SALMO 91:9-10, LBLA

11

Señor, sana a mis nietos de enfermedades y dolencias

*L*a enfermedad puede ser resultado del abuso de nuestro cuerpo y de no cuidarnos. Si ese es el caso con nuestros nietos, podemos orar para que se sientan atraídos hacia alimentos que sean saludables y den vida, y que tengan el conocimiento y la fortaleza de resistirse a los que les hagan daño. Esta es una oración importante. Con tantas opciones y tanta información que se les presenta, ora para que siempre tengan acceso a los alimentos necesarios que los mantengan con una buena salud y una larga vida, y que aprendan a elegir como es debido. Sin importar la edad, ora para que el Espíritu de Dios guíe a tus nietos en el cuidado de sus cuerpos.

¿No te gustaría que alguien hubiera orado por ti acerca de siempre elegir bien tu alimentación? A mí sí.

Ora para que tus nietos siempre puedan resistirse a los malos hábitos de alimentación, sobre todo respecto a algún trastorno alimentario. La hija de una amiga desarrolló un trastorno alimentario cuando tenía unos catorce años. Era una chica muy atractiva y con mucho talento, y aparecía en televisión y en anuncios comerciales de Hollywood. Esto significaba que a menudo se veía en medio de situaciones donde la juzgaban siempre por su apariencia. Yo la conocía desde que tenía unos ocho años, y siempre fue una niña normal, dulce y temerosa de Dios. Sin embargo, cuando se le apoderó ese trastorno alimentario, su personalidad cambió por completo.

Era como si un espíritu maligno se hubiera apoderado de su mente. Cada vez que estaba cerca de alimentos o era hora de comer, repetía una y otra vez: «No tengo hambre. No tengo hambre. No tengo hambre». Y no comía. Sus padres estaban muy preocupados, sobre todo porque perdía peso y bajó a un nivel peligroso. Entonces, buscaron ayuda profesional. A menudo nos reuníamos con ellos y otros padres creyentes para orar por su hija hasta que se quebrantó esta fortaleza.

Les sugerí a los padres que la sacaran de la industria del entretenimiento, porque la constante comparación con otros en esa cultura obsesionada con la imagen corporal la estaba destruyendo. Hicieron justo eso, pues sabían que peleaban por la vida de su hija.

Tuvieron la sabiduría y dirección de Dios para llevarla a un par de viajes misioneros con su iglesia. Cuando ella vio la extrema pobreza y la gran necesidad física y espiritual de los habitantes de los países que visitaron, comenzó a cambiar. Su corazón compasivo la mantuvo enfocada en ayudar a las personas y servir a Dios. Pronto vio el engaño en el que había estado viviendo enfocándose solo en ella misma. Al final, se liberó de ese trastorno alimentario y se casó con un maravilloso joven que tenía el mismo sentir de ayudar a otros. Ahora trabajan como misioneros y les encanta lo que hacen.

Ora para que a tus nietos nunca los atraiga ningún trastorno alimentario. Esta es una batalla espiritual, mental, física y emocional. La obsesión de la imagen corporal es un ídolo mortal que el enemigo usa para destruir a nuestros hijos. Resiste esta mentira maligna que puede deslizarse de manera sigilosa dentro de la mente y del alma de los jóvenes. Esta obsesión se debe de quebrantar en el reino espiritual a través de la oración para que se caiga el velo de los ojos de la persona afligida y pueda ver la verdad. Si no se quebranta por completo, puede infiltrarse de nuevo en la mente de la persona una y otra vez.

No pienses que esto no puede pasarles a tus nietos. Ese espíritu deslumbrante puede atacar a cualquiera. Sin embargo, la oración puede detenerlo antes que tome fuerza, igual que puede liberar a una persona que ya esté atrapada. Es un trastorno tan peligroso que es preciso buscar de inmediato ayuda médica y psicológica. De modo que si se presenta alguna vez en uno de tus nietos, ora para que puedas tener los profesionales adecuados. Gracias a Dios por los médicos y terapeutas que pueden salvar su vida. Si tus nietos nunca han dado muestras de este trastorno terrible, ora para que nunca les suceda.

Pídele a Dios que libere a tus nietos de los planes del enemigo para sus vidas.

Todos sabemos que las enfermedades y dolencias pueden tocar a cualquiera sin que sea su culpa. Pueden heredarse. Algunas enfermedades no se pueden prevenir por causa de condiciones genéticas en una línea familiar que a veces no se conocen. Aun así, debemos orar para que Dios proteja a nuestros nietos de enfermedades, condiciones crónicas, trastornos, dolencias y debilidades que corran en las familias. Si conoces alguna condición o debilidad en las familias de tus nietos, ponle un hacha espiritual a la raíz de ese árbol familiar orando que toda enfermedad o dolencia heredada deje de manifestarse en tus nietos.

Cuando tus nietos se enfermen, ora para que Dios los sane. Ora para que sepan que Dios es su Sanador y aprendan volverse a Él como su Señor que les sana. La Biblia habla de cómo se sanaban las personas que tocaban a Jesús en cualquier forma. Ora para que tus nietos aprendan a tocar a Jesús en oración y alabanza, y vivan en su Palabra para que encuentren la sanidad que Él les tiene reservada.

Si tienes un nieto que nació con algún impedimento físico, estoy segura de que has orado a diario por esto a fin de que venza esa discapacidad. Tenemos un caso específico en nuestra familia extendida. Sus padres y abuelos estaban desconsolados, desde luego, pero Dios ha estado a su lado en cada paso del camino. Ellos pidieron el apoyo y la oración de todos, y un sinnúmero de personas respondieron. Ahora tienen muchos familiares y amigos orando y elevándolos al Señor cada día de esta difícil jornada. Y nosotros nunca dejaremos de orar por esa criatura, debido a que Dios tiene un propósito importante para cada vida, y creemos que Él es el Sanador y Restaurador, y nada es imposible para Él.

Si esa es la situación con uno de tus nietos, no dudes en pedirles a otros creyentes fieles que oren por esa criatura y su familia. No atravieses esta jornada sin apoyo de la oración. Si Dios no contesta tus oraciones como quizá esperaras, ora para que se descubra una cura, o nuevos medicamentos o terapias que traigan alivio y mejoría. No dejes de orar por estos milagros. Es muy posible que este niño naciera para este tiempo, y es preciso que la oración continua se eleve por una cura, o porque se descubra una forma de prevención.

Muchos padres y abuelos están pasando por esto, pero cuando tienen el apoyo de la oración constante de otros, el diario vivir se hace mucho más fácil. Y *tú* necesitas ese apoyo también. No subestimes tu propio dolor. Pídeles a otros que oren *por* ti y *contigo* por el niño y sus padres. Ora por cualquier mejora posible que sea necesaria para seguir adelante. La Biblia dice: «Sabemos que a los que aman a Dios, todas las cosas les ayudan a bien, esto es, a los que conforme a su propósito son llamados» (Romanos 8:28). Pídele a Dios que te muestre el bien que Él ha traído a cada una de las vidas de la familia.

Mi oración a Dios

Señor:

Te ruego para que mis nietos disfruten de buena salud todos los días de su vida. Protégelos de enfermedades devastadoras. En especial, oro por (<u>Nombra cada nieto y lo que te preocupa respecto a su salud física</u>).

Tú dices en tu Palabra que «mi pueblo fue destruido, porque le faltó conocimiento» (Oseas 4:6). No dejes que las vidas de mis nietos se destruyan por falta de conocimiento de sus padres acerca de cómo cuidar sus cuerpos. Dales el deseo de alimentarse de manera saludable. Sé que si dejamos solos a los niños, por naturaleza les atraerán alimentos que hacen más mal que bien. Dales a mis nietos el don del sentido común y un deseo de alimentos que bendigan sus cuerpos con salud. Ayúdalos a considerar con seriedad la condición de su salud y a no dar por sentado su buena salud. Enséñales que no deben de pensar que pueden salirse con la suya y hacer lo que quieren siempre. Ayúdales a buscar tu rostro y tu dirección para hacer lo que *deben* o *no deben* hacer para mantenerse saludables.

Te pido que mis nietos aprendan también a cuidar de sus cuerpos con ejercicio y descanso. Ayúdalos a tomar decisiones que no permitan que cosas malas y dañinas entren en sus cuerpos como drogas, alcohol, cigarrillos y comida chatarra. Quítales toda atracción a cualquier cosa que los puedan enfermar.

Guarda a mis nietos de trastornos alimenticios de cualquier tipo. Ayúdalos a no verse engañados por algún espíritu que los quiera atraer a juzgar su cuerpo y compararlo con la imagen de «perfección» del mundo. Ayúdalos a amar su cuerpo y a darte gracias por todo lo que puede hacer en vez de criticarlo.

No permitas que mis nietos hereden enfermedades o dolencias. Si hay alguna enfermedad común por cualquier parte de la familia biológica, pongo un hacha espiritual a la raíz de ese árbol familiar y oro para que esta tendencia física o espiritual no se manifieste en este niño. Trae a la luz cualquier cosa que haya que hacer para prevenirlo.

Enséñales a mis nietos que su cuerpo es el templo de tu Espíritu y que deben mantener limpia la casa del Espíritu de Dios. (Lee 1 Corintios 6:19-20). Permíteles entender que ellos son los guardianes de su cuerpo, pero tú, Jesús, eres el Sanador, y que puedes sanarlos de manera soberana o dirigirlos a la ayuda médica que necesitan. Infúndeles este conocimiento: «Él mismo tomó nuestras enfermedades, y llevó nuestras dolencias» (Mateo 8:17). Gracias, Jesús, porque podemos ser sanos debido a lo que tú consumaste en la cruz.

Te lo pido en el nombre de Jesús.

La Palabra de Dios para mí

Si escuchas atentamente la voz del Señor tu Dios,
y haces lo que es recto ante sus ojos, y escuchas sus
mandamientos, y guardas todos sus estatutos, no te
enviaré ninguna de las enfermedades que envié sobre los
egipcios; porque yo, el Señor, soy tu sanador.

Éxodo 15:26, lbla

¿O ignoráis que vuestro cuerpo es templo del Espíritu
Santo, el cual está en vosotros, el cual tenéis de Dios, y
que no sois vuestros? Porque habéis sido comprados por
precio; glorificad, pues, a Dios en vuestro cuerpo y en
vuestro espíritu, los cuales son de Dios.

1 Corintios 6:19-20

Si, pues, coméis o bebéis, o hacéis otra cosa, hacedlo
todo para la gloria de Dios.

1 Corintios 10:31

La oración de fe salvará al enfermo, y el Señor lo
levantará [...] y orad unos por otros, para que seáis
sanados. La oración eficaz del justo puede mucho.

Santiago 5:15-16

12

Señor, dales a mis nietos médicos buenos y sabios

Muchas veces en mi vida me he visto ante serios problemas de salud que ningún médico ha podido resolver en ese momento. Hace unos quince años, me enfermé de tal manera con ataques de dolor y náuseas que terminé en tres salas de urgencias diferentes tres veces por separado durante un período de unos diez meses, y me vieron varios médicos y especialistas, pero ninguno pudo llegar al fondo del asunto. Como resultado, casi me muero.

Al final, una noche alrededor de la medianoche, sentí como si algo explotara en el bajo vientre. El dolor era tan intenso que sabía que moriría de eso. Pensé que el apéndice se había perforado, así que mi esposo me llevó a urgencias. Debí haberle dejado que llamara una ambulancia, pero de verdad que pensé que me iba a morir antes que respondieran.

Al llegar al hospital, apenas podía hablar, pero le dije a los médicos que pensaba que era una ruptura del apéndice. Hicieron pruebas por horas sin encontrar nada. Yo sabía que no sobreviviría si alguien no hacía algo pronto, así que a todo el personal médico que entraba a la habitación le rogaba que me ayudara. Nadie lo hizo.

Mi esposo, mi hermana y una buena amiga estaban conmigo en el hospital, orando para que Dios mandara a alguien que me salvara la vida. Al fin, después de casi ocho horas, vino un médico que ordenó que me hicieran una operación exploratoria para encontrar el problema. Como resultado, yo tenía razón. Mi apéndice estaba perforado, y estuve en agonía por todas esas horas con el veneno infestando todo mi cuerpo. El médico me dijo que de haber esperado una hora más para actuar, hubiera sido demasiado tarde. Cada vez que lo veía después de esto le daba las gracias por salvarme la vida, y le decía que él fue la respuesta a nuestras oraciones.

La recuperación fue larga y dolorosa. Le pregunté a Dios: «¿Por qué ningún otro médico encontró algo después de todas las pruebas que me hicieron esa noche? ¿Por qué ningún otro profesional pudo descifrarlo?». Sentía como si todos hubieran tenido vendas en los ojos. Y nadie oía mis súplicas.

Esta misma situación la he visto en mis dos hijos. Cada uno tuvo problemas de salud a diferentes edades, y cada uno experimentó un diagnóstico devastador diferente. No era que no pudieran encontrar algo mal como me pasó a mí. En el caso de cada uno, el diagnóstico fue indebido. En ambos momentos me faltó la paz, y creí de todo corazón que este no era el futuro que Dios tenía para ellos.

Mi hija recibió un diagnóstico terrible más o menos a los cinco años. Oraba sin cesar por eso y no podía encontrar paz. Busqué una segunda opinión, y aunque diferente, seguía sin aceptarla. Mi esposo y yo pedimos la dirección de Dios y busqué ayuda por todas partes. Por último, la encontré en un maravilloso hospital infantil de Los Ángeles. Allí tenían un nuevo tratamiento avanzado, y estaban tan seguros que podían ayudarla que cuando salimos de allí ese día mi hija y yo nos sentimos muy esperanzadas. Por años siguió el tratamiento recetado y la enfermedad desapareció a la larga. Si yo hubiera aceptado el diagnóstico de los dos primeros médicos, ella no estaría donde está hoy.

Cuando mi hijo se graduó de la universidad, poco después de cumplir veinte años, recibió un diagnóstico de una enfermedad devastadora y degenerativa. Cuando oramos, una vez más no sentí paz en mi espíritu respecto al diagnóstico. Así que oramos y oramos que si esto era un error, Dios nos lo revelara. O si no era un error, que nos diera la paz para saber que Él lo sanaría o nos ayudaría a atravesarlo. Resulta que otro médico se dio cuenta de que los síntomas de mi hijo se debían a una reacción negativa a un edulcorante en un refresco de dieta que había estado bebiendo con mucha frecuencia.

He escuchado de varias personas acerca de cómo esta situación les ha sucedido con sus hijos o nietos, donde o bien hubo un problema para encontrar algún tipo de diagnóstico, o que se les dio el diagnóstico equivocado y la persona recibió lo que resultó ser una sentencia de por vida sin esperanza alguna.

Pareciera que estoy criticando a los médicos, pero no es así de ninguna manera. Lejos estoy de eso. Les estoy agradecida, y le doy gracias a Dios por los mismos y las muchas veces que me salvaron la vida. Sin embargo, aun los médicos te dirán que no lo saben todo. También necesitan de la oración. Por eso es que debemos orar por nuestros hijos y nietos de modo que tengan médicos buenos y sabios, y siempre reciban el diagnóstico acertado. Ora para que el enemigo no pueda colocar un manto de misterio sobre un problema que lo esconda de los profesionales de la salud.

Es muy fácil que los padres se abrumen por completo cuando se les enferma un hijo. Necesitamos sabiduría para saber quién es el médico adecuado, así como también como tal vez qué fisioterapeutas ver y lo que debe hacerse. A los niños pueden sucederles cosas que afectarán sus vidas de forma negativa para siempre. Tenemos que orar para que Dios nos dirija hacia médicos que no solo sean sabios al diagnosticar el problema, sino por protección de medicamentos indebidos y errores médicos. Debemos orar para que los profesionales médicos tengan la sabiduría y claridad de Dios para saber cuál es la mejor opción para nuestros nietos.

Pídele a Dios que proteja a tus nietos de un diagnóstico malo o de que reciba medicamentos o tratamientos equivocados que pueden hacerles daño. Ora para que no haya errores en algún hospital o consulta médica donde se encuentren. Ora para que cualquier médico que vean reciba la dirección de Dios al diagnosticar y tratar sus enfermedades, dolencias o padecimientos.

Si tu nieto no ha nacido, ora por sabiduría para los médicos y enfermeros que estarán presentes en el parto. Ora para que no haya problemas en el vientre durante el parto o después del mismo, ni en ningún momento. Ora para que tu nieto disfrute de perfecta salud y desarrollo, y que no ocurran equivocaciones.

Hay una diferencia entre vivir negando la realidad acerca de algo y no aceptar algo que en tu espíritu sabes bien que no es la opinión final sobre la vida de un niño. Pídele a Dios que te muestre esa diferencia en la vida de tus nietos, y que se las muestre a sus padres también. Cree que Dios quiere sanar y restaurar, y pídele que te muestre cómo orar y qué hacer. Antes de aceptar una determinación negativa sobre tus nietos, ora y pídele a Dios que te muestre *su* voluntad. Pídele que te revele si el diagnóstico es acertado, y si lo es, que te dé paz. Si un diagnóstico perturbador es acertado y Dios lo ha permitido, ora para que se descubra un nuevo tratamiento que ayude a la mejoría del niño. Pídele a Dios que haga milagros en la vida de este niño. Ora para que los padres tengan la fortaleza, salud y fe para confiar que Dios los va a ayudar a contrarrestar los desafíos que encontrarán y sean capaces de tomar las decisiones adecuadas.

Recuerda que tú conoces al Dios para quien nada es imposible. Ora primero y pídele a Dios que te dé paz para aceptar lo que parece inevitable, o si debes buscar algo mejor.

Mi oración a Dios

Señor:

Levanto mis nietos a ti. (<u>Nombra cada nieto ante Dios</u>). Te pido que le des a cada uno médicos, enfermeros, técnicos médicos y fisioterapeutas que sean buenos, excelentes y sabios que los traten como es debido. No dejes que jamás reciban diagnósticos ni tratamientos desacertados. Dale a cada médico el discernimiento necesario para que nunca les receten medicamentos inadecuados ni les hagan algún tipo de daño. Si algún día les diagnosticaran mal, revélalo de inmediato a fin de poder darles el tratamiento necesario. Dales a todos sus médicos la sabiduría y el buen juicio necesarios para hacer lo mejor para ellos.

También te ruego por sabiduría de lo alto para mis nietos, sus padres o quienes los cuidan para que sepan qué hacer en cada situación que requiera cuidado médico. No dejes que tengan que esperar mucho para recibir el tratamiento que necesitan. Dales a los padres, o a los que los cuidan, la sabiduría para elegir el médico adecuado. Te pido que no acepten un dictamen negativo que condene a sus hijos a un resultado sin esperanzas. Dales sabiduría para saber cuándo tienes algo mejor para ellos. Ayúdales a pedir, buscar y llamar hasta que encuentren el médico adecuado y el cuidado apropiado. No dejes que aceptemos el juicio de un hombre como más alto que tu capacidad para sanar. Al mismo tiempo, no nos dejes vivir negando la realidad acerca de algo si es que tu voluntad es que andemos por ese camino contigo.

Quita todo manto de misterio sobre algún problema de salud que quizá tenga uno de mis nietos. Trae a la luz la verdad para que todos la podamos ver, sobre todo a los médicos y otros profesionales. Tú siempre sabes con exactitud cuál es el problema, y no solo lo puedes revelar, sino poner en claro lo que se debe de hacer.

Dales a los padres de mis nietos la capacidad de pagar los tratamientos necesarios. Dales seguros y otra ayuda monetaria para que siempre puedan recibir cuidado. Dame a mí la posibilidad de ayudar si fuera necesario.

Dales a mis nietos y a sus padres un sentido de paz cuando vean al médico y el diagnóstico adecuados. Dales sabiduría para tomar las decisiones apropiadas.

Te lo pido en el nombre de Jesús.

La Palabra de Dios para mí

Sáname, oh Señor, y seré sanado; sálvame
y seré salvo, porque tú eres mi alabanza.
Jeremías 17:14, LBLA

«Porque yo te devolveré la salud, y te sanaré de tus
heridas» —declara el Señor.
Jeremías 30:17, LBLA

Lo que es imposible para los hombres,
es posible para Dios.
Lucas 18:27

Pedid, y se os dará; buscad, y hallaréis; llamad,
y se os abrirá. Porque todo aquel que pide, recibe;
y el que busca, halla; y al que llama, se le abrirá.
Mateo 7:7-8

Pida con fe, no dudando nada; porque el que
duda es semejante a la onda del mar, que es
arrastrada por el viento y echada de una parte a otra.
No piense, pues, quien tal haga, que
recibirá cosa alguna del Señor.
Santiago 1:6-7

13

Señor, mantén a mis nietos lejos del daño de la gente malvada

En este mundo y en estos tiempos, tenemos que orar por nuestros nietos para que estén protegidos de gente malvada que está al acecho de los niños, niñas y jóvenes. Sé que este no es un problema en el que deseemos pensar siquiera, pero debemos hacerlo para poder orar de manera constante y poderosa al respecto. No podemos darnos el lujo de creer que no necesitamos orar para que estas cosas nunca les sucedan a nuestros hijos o nietos.

Existe una epidemia en nuestra sociedad impía que no podemos pasar por alto, y esa es la pornografía. La pornografía se ha convertido en una adicción mental y emocional perpetuada por los hacedores de maldad y el enemigo de Dios y de nuestras almas. Lo sorprendente es que hasta en las iglesias se ha desenfrenado. Las estadísticas revelan que el porcentaje de hombres cristianos, incluso pastores y líderes, que están en las iglesias y ven pornografía con regularidad es asombrosamente alto. Es inimaginable.

Lo peor es que muchos de estos hombres ven pornografía *infantil*. Y demasiados de ellos ponen acción a lo que ven y a su adicción sobre los niños a su alrededor. No puedo imaginarme cuán pervertida, egoísta por completo y muerta en lo espiritual tiene que estar una persona para ver una preciosa criatura como un objeto que puede usar para su entretenimiento sexual. ¿Cómo puede alguien caer tan bajo que no se preocupe por cuánto daño le inflige al alma de un niño de modo que marque de por vida a este inocente pequeño?

En lo personal, he orado con demasiadas madres y abuelas que me han dicho que descubrieron que su hijo o hija, nieto o nieta fueron víctimas de abuso sexual a manos de un padrastro, abuelastro, tío, amigo, cuidador, alguien en un campamento, un líder en la iglesia, entrenador atlético o, en algunos casos, su mismo padre. Y esos perpetradores se consideraban cristianos solo porque asistían a la iglesia. Es obvio que no eran cristianos porque es imposible que la luz y la oscuridad moren juntas en la misma persona.

Si este problema es tan grave *en* la iglesia, ¿cuánto más *fuera* de la iglesia? Si esto sucede entre presuntos cristianos, ¿cuánto más entre los incrédulos y el resto de la sociedad? Es algo que va mucho más allá de lo que podemos imaginar.

Hay países donde las autoridades y otros grupos de vigilancia tienen listas de delincuentes condenados por delitos sexuales contra menores. En Estados Unidos, por ejemplo, puedes saber cuán cerca están de tu casa o de las casas donde viven tus hijos y nietos. Vale la pena investigar eso porque, créeme, nada te hará orar con más fervor que descubrir cuántos hay y cuán cerca viven. Y estos son solo los que capturaron y condenaron.

No puedo hacer demasiado hincapié en la gravedad de este problema. No importa el área dónde vivas. Incluso están en las mejores comunidades y en las que parecen ser más seguras. Para mí es un misterio que no estén en la cárcel, pero estas personas no se pueden esconder debido a que sus nombres, direcciones y a veces hasta su foto están disponibles para que todos los vean.

Los depredadores pueden estar al acecho en cualquier lugar, así que ora para que cualquiera que tenga acceso a tus nietos no tenga malas intenciones. Como abuelos, debemos levantar un muro espiritual alrededor de nuestros nietos y pedirle a Dios que los rodee con sus ángeles para que en todo tiempo estén protegidos del mal. No podemos suponer nada.

Sé implacable en tus oraciones, no solo por tus preciosos nietos, sino por todos los niños vulnerables donde viven tus nietos y también donde vives tú. Ora para que los abusadores sexuales sean traídos a la luz, castigados por sus crímenes y encarcelados.

Es preciso detener este cáncer de la mente y el alma. Si no intercedemos nosotros, ¿quién lo hará?

Ora para que tus nietos siempre sepan dónde están los límites con otras personas. Ora para que no teman decirles a sus padres, abuelos u otro familiar, o amistad confiable, cuando alguien traspasa esos límites y los hace sentir incómodos. Ora para que los padres escuchen cuando sus hijos les hablan de violaciones a su privacidad física.

Si tu nieto ya fue víctima de algún tipo de abuso, ora para que el asunto salga a la luz y se les notifique a las autoridades. Ora para que al abusador lo descubran por completo, lo lleven ante la justicia y lo obliguen a pagar por lo que hizo con un largo encarcelamiento y no solo un tirón de orejas. Jesús dijo que quienes dañan a un niño les sería mejor estar muertos. Afirmó: «Cualquiera que haga tropezar a uno de estos pequeñitos que creen en mí, mejor le fuera si se le atase una piedra de molino

al cuello, y se le arrojase en el mar» (Marcos 9:42). Hay una
justicia suprema para los delincuentes sexuales que es mucho
peor que cualquier castigo que reciban en la tierra, y dura por
la eternidad. Dios no mira bien a nadie que haga pecar a otro,
sobre todo a los niños.

Jesús fue bien claro acerca de lo mucho que valen los niños.
Dijo: «Mirad que no menospreciéis a uno de estos pequeños;
porque os digo que sus ángeles en los cielos ven siempre el rostro
de mi Padre que está en los cielos» (Mateo 18:10). Comparó el
corazón de un niño a la manera en que necesitamos ser cuando
lo recibimos: humildes y puros. Cuando habló acerca de los
perdidos que acababan de venir a Él en fe, los comparó con
niños pequeños a quienes nadie debía jamás llevarlos por el mal
camino. Dijo de ellos: «No es la voluntad de vuestro Padre que
está en los cielos que se pierda uno de estos pequeñitos» (Mateo
18:14, LBLA).

El enemigo no está aminorando su intención de destruir a
nuestros hijos y nietos, así que tú no disminuyas la intención de
protegerlos en oración. No escuches las mentiras del enemigo
diciéndote que esto es algo demasiado grande y temible por
lo que puedas orar. Ese es uno de los mayores engaños del
enemigo. Tus oraciones tienen poder porque es el poder de *Dios*
obrando a través de ellas. Ten la seguridad de que Jesús está
por completo de tu lado mientras oras por esto. La Biblia dice:
«No seas vencido por el mal, sino vence con el bien el mal»
(Romanos 12:21, LBLA).

Cuando oras, haces más bien de lo que puedes imaginar.

Así que no dejes de orar «para que Satanás no gane ventaja
alguna sobre nosotros; pues no ignoramos sus maquinaciones»
(2 Corintios 2:11).

Ora para que cualquiera alrededor de tus nietos que tenga en su corazón hacer el mal, lo denuncien por lo que es y lo que está haciendo. Cualquiera que se proponga hacer el mal, en especial a un niño, doblega su corazón para servir a Satanás. La Palabra de Dios dice: «Someteos, pues, a Dios; resistid al diablo, y huirá de vosotros» (Santiago 4:7). Podemos resistir al enemigo, a favor de nuestros nietos, en oración.

Ora para que tus nietos nunca tengan que enfrentar la violación de gente malvada que intenta hacerles daño.

Esta es una de las oraciones más importantes que alguna vez harás por tus nietos, sin importar su edad.

Mi oración a Dios

Señor:

Levanto mis nietos a ti. (<u>Nombra cada nieto ante Dios</u>). Te pido que los protejas de todas las personas malvadas, ya sea en la escuela, en la guardería infantil o dondequiera que estén, con niñeras, vecinos, consejeros, familiares, compañeros o amigos que tengan malas intenciones en su contra. Que mis nietos nunca sean víctimas de abuso de ninguna manera. Líbralos del mal, y revela cualquier abusador en potencia *antes* que suceda algo malo. Donde aceche la gente mala, descubre sus planes.

Concédeles a mis nietos discernimiento y sabiduría para saber cuándo no es confiable la gente. Permíteles sentir el mal en cuanto se les acerque. Ayúdalos a darse cuenta de inmediato cuando alguien está haciendo algo inapropiado. Te ruego que si a mis nietos les hacen algo que sea una violación en su contra, lo denuncien a alguien en autoridad en sus vidas, sobre todo a los padres y a la policía. Impide que a mis nietos los intimiden las amenazas de las personas que quieren hacerles daño.

Si ya sucedió algún abuso o contacto con gente mala, te pido que saques a la luz a los perpetradores. Descubre sus actos de maldad en un tribunal de justicia, y que los castiguen por su crimen. Guía a los padres de ese nieto a fin de que busquen ayuda profesional para su hijo y así pueda recuperar por completo lo perdido, y sanar las heridas recibidas como resultado.

Rodea a mis nietos con tus ángeles para que nadie que quiera hacerles mal tenga jamás la oportunidad de hacerlo.

Te lo pido en el nombre de Jesús.

La Palabra de Dios para mí

Líbranos del maligno.
MATEO 6:13, NVI®

Cualquiera que reciba en mi nombre a un niño como
este, a mí me recibe.
MATEO 18:5

La luz vino al mundo, y los hombres amaron
más las tinieblas que la luz, pues sus acciones
eran malas. Porque todo el que hace lo malo
odia la luz, y no viene a la luz para que sus
acciones no sean expuestas.
JUAN 3:19-20, LBLA

Aborrezcan el mal; aférrense al bien.
ROMANOS 12:9, NVI®

El hombre bueno, del buen tesoro del corazón
saca buenas cosas; y el hombre malo,
del mal tesoro saca malas cosas.
MATEO 12:35

14

Señor, no permitas que prospere ninguna arma forjada contra mis nietos

Si conoces a Jesús como tu Salvador, tienes un enemigo. Incluso, si no lo conoces, *tienes* un enemigo; solo que es probable que no lo reconozcas como tal. Quizá hasta lo consideres como el ángel de luz que le gusta aparentar que es, pero si recibiste a Jesús, tienes al Espíritu Santo en ti, así que tienes toda la autoridad y el poder que necesitas para identificar y resistir a tu enemigo.

Tu enemigo también es el enemigo de *Dios*. Y te odia porque odia a todos los que aman, sirven y adoran a Dios. Por eso es que tu enemigo quiere que lo adoren y tratará de vencer a cada persona que no se arrodille ante él. Por lo tanto, hace la guerra contra nosotros, nuestros hijos y nietos.

Nuestra fe en Dios y su Palabra, la pureza de nuestra adoración y el poder de nuestra oración son las mejores armas contra el enemigo de nuestras almas.

Dios quiere que nos convirtamos en guerreros de oración por nuestros hijos y nietos a fin de mantener a distancia la violencia en contra de ellos y también en contra de nosotros. Tal vez pienses que tu enemigo espiritual no existe y que no estás en guerra con nadie, pero lo cierto es que, y esto podemos verlo con claridad en nuestro mundo hoy, no tienes que estar en guerra con alguien para que otros no lo estén contigo.

Debemos de entender que es una batalla espiritual, y nosotros estamos en el ejército de Dios. Su ejército es el único que se puede enviar a la guerra sin tener que ir a ninguna parte. Eso se debe a que la batalla se libra en oración dondequiera que estemos. En realidad, la oración *es* la batalla. Cuando oramos, vencemos al enemigo. Y no estamos solos en esto, porque Dios tiene guerreros de oración por todo el mundo orando por su dirección. Sin embargo, es posible que tú seas el único que esté orando de manera ferviente por tus hijos y nietos.

Puesto que *Dios* tiene un plan para nuestra vida y para las vidas de nuestros hijos y nietos, el *enemigo* de nuestras almas *también* tiene un plan para nosotros y para las vidas de nuestros hijos y nietos. Aun así, Dios nos ha dado una manera de tomar dominio sobre el enemigo y su obra de las tinieblas, y es a través de la oración y el poder de la Palabra de Dios. A todos los que creemos en Él, Dios nos llama a ir a la batalla como guerreros de oración por su reino.

No importa cuán desesperada pueda parecerte una situación, Dios te da poder en la oración para hacer algo al respecto. Aunque no logres ver la salida, Dios sí. Quizá el enemigo te parezca fuerte, pero Dios es *todopoderoso*. El enemigo no lo es.

El enemigo quiere destruir a tus hijos y nietos igual que a ti, pero tus oraciones pueden detenerlo. Y Dios te ha dado poder en su Palabra a la cual puedes tener acceso al reclamarla en fe. Dios le dijo a su pueblo que cree en Él y en su Palabra: *«Ninguna arma forjada contra ti prosperará»* (Isaías 54:17). Memoriza esas palabras porque vas a necesitar declararlas a menudo sobre tu familia y, en especial, sobre tus nietos.

Por ejemplo, si uno de tus nietos es víctima de acoso, como le sucedió al nieto de una de mis amistades, declara la Escritura sobre su vida en oración. Mis compañeros de oración y yo lo hicimos, y se descubrió al acosador y lo suspendieron de la escuela. En otra ocasión, al nieto de otra amistad lo acosaron también y sus padres pudieron sacarlo de esa escuela cuando en la misma no hicieron nada en lo absoluto para resolver la situación. Cuando lo hicieron, «de pronto» se abrió un espacio en una buena escuela cristiana. El problema desapareció para nunca volver.

¡La oración da resultado!

Solo hace falta alguien que crea que Dios tiene poder para hacer milagros cuando oramos. Cuando entendemos el poder de la Palabra de Dios, y cuando tenemos suficiente fe para creer que lo que Dios dice es verdad, podemos reclamar su Palabra para nuestras vidas y las de nuestros hijos y nietos.

Ser guerrero de oración por nuestros nietos no significa que nunca vaya a suceder algo. En cambio, si algo sucede, tus oraciones pueden ayudarlos a recuperarse y no dejar que eso los destruya. Lucha en oración la batalla que enfrentas, y observa a Dios venir a defenderte. Clama a Dios y su poder para hacer milagros para protegerlos. Declara con frecuencia que ninguna arma forjada contra ellos prosperará.

Mi oración a Dios

Señor:

Levanto mis nietos a ti. (<u>Nombra cada nieto ante Dios</u>). Veo que la maldad está a nuestro alrededor, y te ruego que siempre protejas a mis hijos y nietos de ella. Manda a tus ángeles para guardarlos y protegerlos de cualquier plan del maligno. Destruye cualquier fortaleza que el enemigo trate de edificar en su contra.

Gracias porque tu Palabra le dice a tu pueblo que te ama y sirve: «Ninguna arma forjada contra ti prosperará» (Isaías 54:17). Reclamo para mis hijos y nietos que ninguna arma forjada en su contra prosperará jamás. Donde ya le sucediera algo malo a uno de mis nietos, tráeles restauración a ese niño y a toda la familia para que el enemigo se venza por completo.

Gracias porque tu Palabra dice que el que cree en ti «*tiene* cimiento eterno» (Proverbios 10:25, LBLA). Yo reclamo ese cimiento que tengo en ti, y me mantengo firme a tu lado en esta guerra entre el bien y el mal. Tu enemigo es mi enemigo, y decidí luchar en su contra en oración como tú ordenaste. Gracias porque tú me «ceñiste de fuerzas para la pelea» (Salmo 18:39).

Ayúdame a tomar cada día la espada del Espíritu, tu Palabra, porque ella es mi mayor arma en contra del enemigo. Ayúdame a dejarme guiar por tu Espíritu Santo al orar. Haz de mí un guerrero de oración firme por mis hijos y mis nietos dondequiera que me guíes.

Destruye los planes del enemigo de perjudicar o destruir a mis hijos y nietos. Que solo prosperen *tus* planes en sus vidas. Que tus bendiciones y tu protección tengan tanto poder sobre ellos que los planes del enemigo nunca se les acerquen.

Te lo pido en el nombre de Jesús.

La Palabra de Dios para mí

No tenemos lucha contra sangre y carne, sino
contra principados, contra potestades, contra los
gobernadores de las tinieblas de este siglo, contra
huestes espirituales de maldad en las regiones celestes.
EFESIOS 6:12

La palabra de Dios es viva y poderosa, y más
cortante que cualquier espada de dos filos.
Penetra hasta lo más profundo del alma y del
espíritu, hasta la médula de los huesos, y juzga los
pensamientos y las intenciones del corazón.
HEBREOS 4:12, NVI®

En el mundo tenéis tribulación; pero confiad,
yo he vencido al mundo.
JUAN 16:33, LBLA

Cuando pasa el torbellino, ya no existe el impío,
pero el justo tiene cimiento eterno.
PROVERBIOS 10:25, LBLA

Ninguna arma forjada contra ti prosperará,
y condenarás toda lengua que se levante contra ti en
juicio. Esta es la herencia de los siervos de Jehová,
y su salvación de mí vendrá, dijo Jehová.
ISAÍAS 54:17

TERCERA SECCIÓN

*Ora por el crecimiento
y el desarrollo
espiritual
de tus nietos*

Desarrollo

15

Señor, permíteme comprender lo que mis nietos afrontan en este mundo

A todos nos molesta lo que sucede en el mundo y lo que nos depara el futuro. En especial, nos preocupa lo que afrontarán nuestros nietos, o lo que encaran ahora. Sabemos que es mucho más siniestro, malvado y amenazador para ellos que lo que nosotros enfrentamos a su edad. La peligrosidad del mundo entero va en aumento y tenemos que pedirle a Dios que nos ayude a comprender cómo orar en específico por cada uno de nuestros nietos.

La Biblia dice que cuando no sabemos cómo orar, el Espíritu de Dios nos ayuda. (Lee Romanos 8:26). Necesitamos su ayuda porque solo Dios sabe lo que está por delante. Nuestros nietos pueden afrontar cosas que jamás hubiéramos podido imaginarnos. Y es probable que ni siquiera estemos aquí para ver lo peor. Sin embargo, nuestros nietos podrán sentir los efectos de nuestras oraciones toda su vida.

Quizá seas un abuelo joven y no recuerdes cuando en Estados Unidos no solo se *permitía* la oración en lugares públicos, sino que se *alentaba*. Se nos permitía ser cristianos sin que nos persiguieran, ridiculizaran o castigaran. En las escuelas se oraba cada mañana, los maestros y alumnos hablaban de Dios y de Jesús, y nunca nos pasó por la mente la idea de que se nos demandara debido a nuestra fe.

En las escuelas públicas de hoy, apartan a nuestros hijos de la Biblia, la oración o cualquier enseñanza acerca de Dios, así que si no lo hacen los padres y abuelos en casa o en la iglesia, puede que esto nunca suceda. Por eso vemos niños que parecen vivir una vida sin conciencia, haciendo cosas desmesuradas. De jóvenes nunca experimentaron las consecuencias de su mal comportamiento, así que de adultos tampoco las consideran. Por eso más que nunca, no solo nuestros nietos necesitan que los cubramos en oración—mientras vivamos en esta tierra—sino sus padres también. Hay situaciones en que puede que tú seas el único Cristo que tus nietos conozcan.

Si tenemos alguna idea de lo que nuestros nietos enfrentarán, sabremos mejor cómo orar a su favor. He aquí algunas cosas por las que podemos orar ahora:

Ora por comprensión y sabiduría sobre cada nieto con respecto a lo que va a venir. Cuando tienes esto, puedes orar por adelantado acerca de las cosas malas que están sucediendo. Quizá no tengas todos los detalles, pero el Espíritu de Dios te puede guiar a fin de que tus nietos estén seguros en lo que tal vez sean circunstancias peligrosas.

Ora para que los padres de tus nietos no mueran de forma prematura. Ora de manera que puedan estar aquí para cuidar de sus hijos hasta que ellos puedan cuidar de sí mismos. Esto es muy importante porque nadie puede sustituir a un buen padre. Nadie puede amar ni cuidar a un hijo como un padre, excepto tú, por supuesto. En caso de que sean malos padres, y relativamente son pocos, ora para que sean transformados a través de un encuentro con el único, verdadero y todopoderoso Dios vivo que puede cambiar sus vidas para siempre.

Ora para que ningún daño venga a tus nietos, y en especial debido a la persecución. A medida que se acerca la venida del Señor, la persecución de los cristianos aumentará, así que debes pedirle a Dios su protección y favor sobre tus nietos.

Ora para que tus nietos nunca se vean en el sitio equivocado en el momento equivocado. Solo Dios conoce el futuro, y solo Él puede guiar a alguien lejos del peligro. Pídele a Dios que les dé a tus nietos un corazón dispuesto a seguirle para que Él los dirija a lugares seguros. Él puede hacerlo. Es bueno orar así por todos tus seres queridos.

Ora para que tus nietos sean amantes de Dios y no de sí mismos. La Biblia habla de cómo la gente se convertirá en amantes de sí misma y no de Dios y sus caminos. Solo les importarán sus propias cosas y lo que tienen o viven, pero *no* tendrán *interés* en lo que *Dios* quiere ni de *su* voluntad para sus vidas. Ora para que esto nunca sea el caso de tus nietos.

El Espíritu de Dios te guiará a orar por muchas otras cosas específicas, pero este es un buen comienzo. Cuando hable a tu corazón, escríbelo en la página de oración, o en cualquier lugar en este libro, o en una libreta aparte para que no se te olvide. Dios pondrá tantas cosas en tu corazón que será difícil recordarlas todas si no las escribes.

Mi oración a Dios

Señor:

Me preocupa en gran manera el futuro de mis nietos. (Nombra cada nieto ante Dios). No puedo ni pensar en que les suceda alguna de las cosas que veo que pasan en el mundo. Solo puedo tener paz sabiendo que tú los mantendrás a salvo de lo que está por venir. Te pido que anden contigo y escuchen tu voz cuando les guíes a caminar siempre junto a ti. Que siempre asistan a una buena iglesia y que allí se sientan felices y seguros. Dales buenos pastores y líderes de jóvenes que oigan tu voz, nunca desobedezcan tus leyes y mandamientos, y jamás violen su confianza.

Permite que cada uno de mis nietos encuentre una buena persona con quien casarse, vivan felices sin separarse y críen hijos que te amen. Escóndelos del enemigo bajo la sombra de tus alas. (Lee el Salmo 17:8-9).

Muéstrame cómo orar por mis nietos acerca de todo lo que afrontarán en sus vidas. Puedo ver cómo a diario el peligro y la maldad aumentan en este mundo, y no hay nada que indique que vaya a mejorar. Sé que tu Palabra dice que la maldad aumentará, y cada vez más hombre serán amantes de sí mismos y no de ti y de tu Palabra. Permite que mis nietos *sean amantes de ti y de tu Palabra, y no de sí mismos*. Traspasa sus conciencias si consideran ir por un camino diferente al que tienes para ellos.

Dame conocimiento para saber cómo orar en específico por las cosas que enfrentan ahora o afrontarán en el futuro. Muéstrame como serán sus escuelas, sus empleos, sus familias y sus compañeros. Dirígeme a orar por adelantado por las cosas que sucederán en el mundo a su alrededor. Solo tú conoces el futuro y todo lo que enfrentarán. Solo tú puedes mantenerlos seguros y ayudarlos a lograr grandes cosas para tu reino. Al igual que David sabía orar mañana, tarde y noche, ayúdame a mantenerme orando de esa manera también. Guárdame de descuidar a mis nietos al dejar de orar por ellos. Dame fortaleza, salud y una mente clara hasta que vaya a morar contigo.

Tu Palabra dice que en el mundo tendremos aflicción, pero que tú has «vencido al mundo» (Juan 16:33). Gracias por haber hecho tanto por nosotros. Gracias porque tienes todas las respuestas y toda la ayuda que necesitamos. Gracias porque tú eres mayor que cualquier cosa que afrontemos mis nietos, sus padres y yo. Ayúdanos a volvernos a ti en cada situación. Gracias porque tu Palabra dice que en ti podemos tener paz sin importar la tribulación que atravesemos.

Te lo pido en el nombre de Jesús.

La Palabra de Dios para mí

De igual manera el Espíritu nos ayuda en nuestra
debilidad; pues qué hemos de pedir como conviene,
no lo sabemos, pero el Espíritu mismo intercede por
nosotros con gemidos indecibles.
ROMANOS 8:26

Tarde y mañana y a mediodía oraré y clamaré, y él oirá
mi voz.
SALMO 55:17

Yo ruego por ellos; no ruego por el mundo,
sino por los que me has dado;
porque son tuyos.
JUAN 17:9, LBLA

Orad sin cesar.
1 TESALONICENSES 5:17

En cuanto a mí, veré tu rostro en justicia; estaré
satisfecho cuando despierte a tu semejanza.
SALMO 17:15

16

Señor, guía a los padres de mis nietos a una relación íntima contigo

os padres no pueden saber cómo criar a un hijo en los caminos de Dios si no conocen esos caminos. Y los hijos que no se crían en los caminos de Dios pueden causarles dolor a sus padres. Todo padre que le dé la espalda a Dios y su Palabra puede causar resultados indeseados en sus hijos.

Nuestras acciones tienen consecuencias para nuestros hijos y nietos. Muchos han sufrido debido a los pecados de sus padres y abuelos. Hemos visto cosas horribles en diferentes partes del mundo por culpa del pecado de la tierra por el que nadie se ha arrepentido. El mismo pecado y odio se transmite de generación a generación, como una herencia. Y nadie trata de detenerlo porque o bien ignoran cómo hacerlo, o los ciegan la maldad, o a sabiendas pasan por alto la verdad de Dios.

El profeta Jeremías le dijo al pueblo lo que Dios dijo que les sucedería a ellos, y a sus hijos, por no andar en sus caminos. Dios predijo que cuando Jeremías le mostrara al pueblo las palabras de esta profecía, preguntarían: «*"¿Por qué el Señor ha pronunciado toda esta gran calamidad contra nosotros? ¿Cuál es nuestra iniquidad y cuál es nuestro pecado que hemos cometido contra el Señor nuestro Dios?".* Entonces les dirás: *"Es porque vuestros padres me abandonaron" —declara el Señor— "y siguieron a otros dioses y los sirvieron y se postraron ante ellos, pero a mí me abandonaron y no guardaron mi ley. Y vosotros habéis hecho peor que vuestros padres, porque he aquí, cada uno de vosotros anda tras la terquedad de su malvado corazón, sin escucharme. Por tanto, yo os arrojaré de esta tierra a una tierra que no habéis conocido [...] pues no os mostraré clemencia"*» (Jeremías 16:10-13, lbla).

Y eso fue lo que sucedió con exactitud.

Dios ve todo el pecado. Aun así, también nos ha dado una salida para las consecuencias del pecado. Y esa es a los pies de Jesús en oraciones de confesión y arrepentimiento. Siempre podemos ir a Él para ser libres de las consecuencias del pecado, aunque estos los cometiera otra persona en la familia. Las consecuencias no solo afectan a los padres que no andan en los caminos de Dios, sino también a sus hijos. Por eso es que tenemos que orar para que los padres de nuestros nietos tengan una relación íntima con Dios.

Todos nos sentimos mucho mejor cuando nos deshacemos de todo lo que nos hace pecar. Jesús lo dijo con claridad: «Si tu ojo te es ocasión de caer, sácalo y échalo de ti; mejor te es entrar con un solo ojo en la vida, que teniendo dos ojos ser echado en el infierno de fuego» (Mateo 18:9).

Sé que quizá esto parezca duro, pero es la verdad.

Tenemos que deshacernos de cualquier cosa que haga perpetuar el pecado, o sus consecuencias, sobre nuestros hijos y nietos. Lo hacemos en oración. Decimos: «Señor, muéstrame cualquier cosa en *mí* de la que necesito liberarme, y te pediré perdón para hacer borrón y cuenta nueva. No quiero que mis nietos hereden algo debido a los pecados de sus padres o abuelos. Muéstrame cualquier cosa en el linaje familiar que fuera abominación para ti y te lo confesaré a favor de mi familia».

Ora para que las conciencias de los padres de tus nietos los declaren culpables por cualquier pecado en sus vidas a fin de que lo traigan ante Dios y sean libres. No nos toca a nosotros ser el Espíritu Santo para ellos, así que debemos tener cuidado de no dejar caer «indirectas sutiles» o enfrentárnosles acerca de algo a menos que Dios nos guíe a hacerlo. Al menos, no si queremos alguna vez volver a ver a nuestros nietos. De todas formas, nuestras oraciones lograrán mucho más que nuestras palabras. Y si *tenemos* que hablar con los padres de nuestros nietos, la oración antes de hacerlo nos dará un corazón de amor hacia ellos, y nuestras palabras tendrán un poder más penetrante. Si los padres piden algo que parezca un *consejo*, puedes dárselo con amor y sugerir cuánto se beneficiaría la familia entera de tener una relación íntima con Dios.

Sin críticas. Solo amor incondicional.

Tus nietos necesitan que los críen padres piadosos, así que ora para que los padres de tus nietos tengan una relación de *amor* y *compromiso* con el Señor. Dios muestra favor y bondad a quienes le aman y sirven. Si el corazón de un padre se ha vuelto en contra de Dios, ora para que sea quebrantado y moldeado de nuevo como el corazón de amor del Señor.

David fue un hombre conforme al corazón de Dios porque tenía un *corazón arrepentido*. Sus pecados fueron grandes, ninguno menos importante, entre los cuales estaban adulterio, asesinato, mentiras y no disciplinar a sus hijos. Y las consecuencias de esos pecados influyeron mucho en sus hijos. No queremos que nuestros nietos paguen por los errores de sus padres. Debemos orar para que sus padres tengan vidas sometidas a Dios y sean obedientes a sus caminos. Esto es crucial para su bienestar futuro y su crecimiento espiritual. Si el corazón de uno de los padres se ha endurecido contra Dios y sus caminos, ora para que Dios haga lo que sea necesario de modo que penetre a través de esa dureza y despierte a esa persona para que vea la verdad.

Aunque la Biblia dice que Dios visita la maldad de los padres hasta la tercera y cuarta generación, también dice que cuando los padres se vuelven al Señor, los hijos son bendecidos. No obstante, si un padre nunca va al Señor, los hijos tienen que rendirle cuentas a Dios cuando lleguen a cierta edad. Pueden tomar la decisión de recibir a Cristo y andar en sus caminos y, al hacerlo, serán bendecidos, sin importar lo que hayan hecho sus padres. La buena noticia es que tus nietos que reciban a Jesús pueden romper la influencia del pecado en su herencia familiar viviendo para Dios y estando firmes sobre su Palabra en sus vidas.

Si uno de los padres de tus nietos no conoce a Jesús, no dejes de interceder a su favor hasta que lo haga.

No importa dónde están los padres de tus nietos en su andar con Dios, siempre puedes orar para que su caminar sea más íntimo aún. Hemos oído de muchos buenos cristianos, lo triste es que hasta de algunos pastores, que se han descarriado por causa del pecado, la lujuria y la lascivia de este mundo. Los cristianos necesitan de nuestras oraciones para que no se dejen cegar y engañar por el enemigo de sus almas que solo quiere su destrucción.

Ora para que tu propia relación con los padres de tus nietos siempre sea estrecha y llena de amor y respeto. Es de suma importancia que tus nietos vean esto porque les ayuda a entender por sí mismos el amor de *Dios*.

Mi oración a Dios

Señor:

Te pido que a los padres de cada uno de mis nietos les atraiga mantener una relación profunda y comprometida contigo. (Nombra en específico a cada padre, padrastro o tutor de cada uno de tus nietos). Sé por tu Palabra que los hijos y nietos llevan una gran ventaja si sus padres les enseñan a vivir en tus caminos y lo demuestran sirviéndote. Ayuda a estos padres a comprender tus caminos y tu amor con plenitud, y se lo puedan comunicar a sus hijos.

Trae a las vidas de estos padres personas piadosas que los guíen en tus caminos. Dirígelos a una iglesia bíblica, buena y dinámica para que tanto a ellos como sus hijos los pueda alimentar tu Espíritu y no el espíritu del mundo. Abre las puertas de grupos pequeños de estudio y oración de modo que cuenten con la amistad de personas que te aman. Dales ojos para que puedan ver cuando no viven para ti. Habla a sus corazones si en algún momento no viven la vida de la que tú quieres que sean ejemplo para sus hijos.

Dales a los padres de mis nietos amor por tu Palabra. Haz que cobre vida en ellos para que las palabras salten de las páginas hacia su corazón y se queden allí. No importa dónde están en su caminar contigo, tráelos más cerca. Si alguno no te conoce, acércale para que te reciba como su Salvador. Si profesan conocerte, tráelos a un conocimiento más profundo de ti y de tu Palabra. Haz que sean una buena influencia en la vida de sus hijos. Dales sabiduría para criar a sus hijos e impartirles el deseo de caminar contigo.

En cuanto a mí, muéstrame cualquier cosa que haya en mi pasado que no lo haya traído a tu presencia en arrepentimiento, y lo confesaré ante ti como pecado. Quiero ser libre de cualquier cosa negativa que pueda traerles consecuencias a mis hijos y nietos. También te ruego que los padres se arrepientan de cualquier mala acción para que esto no provoque consecuencias sobre sus hijos. Quita todo pecado familiar que pueda afectar las vidas de mis nietos o de sus padres.

Te lo pido en el nombre de Jesús.

La Palabra de Dios para mí

No tengo yo mayor gozo que este, el oír que
mis hijos andan en la verdad.
3 Juan 4

El hijo necio es pesadumbre de su padre,
y amargura a la que lo dio a luz.
Proverbios 17:25

Corona de los ancianos son los hijos de los hijos,
y la gloria de los hijos son sus padres.
Proverbios 17:6, lbla

Si tu mano o tu pie te es ocasión de pecar,
córtatelo y échalo de ti; te es mejor entrar en la
vida manco o cojo, que teniendo dos manos
y dos pies, ser echado en el fuego eterno.
Mateo 18:8, lbla

Mis ojos están puestos sobre todos sus caminos,
que no se me ocultan, ni su iniquidad está
encubierta a mis ojos.
Jeremías 16:17, lbla

17

Señor, motiva a mis nietos para que te conozcan mejor cada día

Un niño que conoce a Dios, un niño que tiene a Jesús en su corazón, se convierte en un adulto que conoce el *propósito* de Dios para su vida. Desde luego que es más fácil orar para que tus nietos tengan una relación íntima y sólida con Dios si los padres también lo conocen. Sin embargo, aun si *todavía* no lo conocen, podemos orar para que nuestros nietos aprendan a amar a Dios y reciban a Jesús como su Salvador. Dependiendo de la situación, como abuelos quizá no tengamos mucha influencia, pero a través de nuestras oraciones tenemos el poder de orar para que nuestros nietos tengan sus corazones abiertos al Señor.

Ora para que Dios derrame su Espíritu sobre tus nietos y se les dé a conocer de forma innegable.

Hay un gran sentido de seguridad que experimentas respecto a tus hijos y nietos cuando sabes que tienen una relación fuerte con el Señor. Si sus corazones están abiertos a Dios, Él puede hablarles y ayudarlos a vivir en su voluntad. Aun así, debemos seguir orando para que se acerquen a Él cada día y no se aparten del camino que les marcó. He visto el dolor en el corazón de muchos padres que han criado hijos en el Señor, solo para verlos marcharse a la universidad, o al mundo, y convertirse en incrédulos sin Dios. Esto no es lo que queremos para nuestros nietos.

Pídele a Dios que te muestre lo que puedes hacer para comunicarles lo maravilloso de caminar con Cristo y confiar en su Palabra. Pregúntale a Dios cuál es la mejor manera de comunicarles *su amor*. Todos los regalitos y libros que les das, la ayuda que les ofreces, las cartas que les mandas (mensajes de amor y ánimo), suman con el tiempo. El amor de Dios por ellos en ti se escucha con claridad. Por supuesto, siempre tienes que ser sensible al deseo de los padres, pero no tienes que ser alguien que *no* eres para hacerlo. Si los padres no son creyentes y tú sí, pídele al Señor que *te use* para *demostrarles* a ellos quién es Dios de formas que puedan comunicar el amor de Él. Tu presencia dispuesta siempre a ayudarlos con amor incondicional puede echar abajo muchas barreras, sobre todo si oras por adelantado para que suceda.

Ora para que la Palabra de Dios cobre vida en tus nietos y eche raíces en sus corazones, de modo que el versículo más sencillo se convierta en vida para su alma.

Tú tienes la gran ventaja de saber lo horrible que puede ser la vida sin Dios. Así que, pídele que te muestre cómo puedes expresárselos a tus nietos en el momento adecuado y de la forma apropiada según su edad. Si puedes evitar que experimenten la misma desdicha que tú porque no conocías a Dios en el momento, o no anduviste en sus caminos, pídele a Dios que te muestre cómo hacerlo. Tu propio testimonio es un arma poderosa para estimular la salvación de otra persona. Esto hace que la vida en el Señor sea real para alguien que no tiene esa realidad en su vida ahora.

Mis propios hijos se casaron con personas cuyas familias eran todos fieles creyentes, algo por lo que vivo agradecida. Por más de tres décadas había orado en específico por eso, antes que conocieran a sus cónyuges, pero nunca es tarde para comenzar a orar de ese modo. Si tus hijos no se casaron con creyentes, cuyos padres y abuelos tampoco lo eran, tus oraciones pueden cambiar esa situación también. Tú puedes ser el guerrero de oración en su favor para guiarlos al Señor.

El poder de un abuelo o una abuela que oran es formidable en el reino espiritual. Por eso debemos orar por nuestros nietos todos los días. Y no solo por los que tenemos ya, sino por los que vendrán en el futuro, aun después que estemos con el Señor.

Dios le prometió a Israel: «*Pondré mi ley dentro de ellos, y sobre sus corazones la escribiré; y yo seré su Dios y ellos serán mi pueblo*. Y no tendrán que enseñar más cada uno a su prójimo y cada cual a su hermano, diciendo: "Conoce al Señor", porque todos me conocerán, desde el más pequeño de ellos hasta el más grande —declara el Señor— pues perdonaré su maldad, y no recordaré más su pecado» (Jeremías 31:33-34, LBLA).

Ora para que Dios grabe su Palabra en el corazón de cada uno de tus nietos. Ora para que Él haga que se acerquen a Él cada día, y les dé el deseo de conocerle y experimentar todo lo que tiene para ellos.

La oración es una de las mejores maneras de conocer a Dios. También es una de las formas en que tus nietos establecerán su relación íntima con Él. Debido a que nunca es demasiado temprano para enseñarles a los niños a orar, la oración debe ser parte de sus vidas tan pronto como sea posible. Enséñalos a orar y pedir la bendición de Dios por los alimentos y a orar en la mañana por su día. Muéstrales cómo orar por otras personas o por situaciones a través del día, y enséñales a orar en la noche antes de ir a la cama, dándole gracias a Dios por el día y por su protección. Mis hijos nunca conocieron la vida sin que la oración fuera parte de esta. Los veo enseñarles a sus hijos a orar también desde temprana edad. Me encanta eso. Me da mucha paz.

De seguro que esto es algo por lo que vale la pena orar respecto a tus nietos.

Mi oración a Dios

Señor:

Atrae a mis nietos a ti. (Nombra cada nieto ante Dios). Ayúdales a conocerte de una manera profunda y comprometida para que su relación contigo crezca cada día. Enséñales a comprender tus leyes y mandamientos, y ayúdales a cumplirlos con fidelidad. Permíteles estar tan fuertes en tu Palabra que inspiren a sus padres y amistades. Muéstrales a los padres de mis nietos y a mí cómo comunicarles tu Palabra de manera que la entiendan y la retengan para que siempre se sientan atraídos hacia ella.

Te ruego que pongas tus leyes en la mente y el corazón de cada uno de mis preciosos nietos, a fin de que decidan vivir en tus caminos. Dale a cada uno un corazón dispuesto a acercarse a ti para que tú te acerques a ellos. Muéstrales que el mundo no tiene la respuesta a sus anhelos más profundos. Ayúdales a ver que su mayor prioridad en la vida es amarte con todo su corazón, con toda su alma, con toda su mente y con todas sus fuerzas. (Lee Marcos 12:30). Y al hacerlo, tú suplirás todas sus necesidades.

Muéstrame lo que puedo hacer para enseñarles a mis nietos acerca de ti y todo lo que tú has hecho. Muéstrame los ejemplos en mi propia vida, o la vida de alguien que conozco, que pueda causarles una impresión fuerte acerca del peligro de no conocerte y no andar en tus caminos. Sobre todo, Señor, ayúdame a comunicarles tu amor de manera que lo puedan comprender a cabalidad.

Enséñales a mis nietos a ser personas de oración. Ayúdame a orar con ellos en cada oportunidad que se me presente. Enséñales a sus padres a orar con ellos para que crezcan conociendo el gozo de hablar contigo. Enséñales a clamar a ti en toda situación. Dirígelos en el camino que tienes para ellos. Dales el deseo de acercarse más a ti cada día y seguirte todos los días de su vida.

Te lo pido en el nombre de Jesús.

La Palabra de Dios para mí

Acercaos a Dios, y él se acercará a vosotros.
SANTIAGO 4:8

El nombre del SEÑOR es torre fuerte,
a ella corre el justo y está a salvo.
PROVERBIOS 18:10, LBLA

El SEÑOR está cerca de todos los que le invocan,
de todos los que le invocan en verdad.
SALMO 145:18, LBLA

En el último y gran día de la fiesta, Jesús se
puso en pie y alzó la voz, diciendo:
Si alguno tiene sed, venga a mí y beba.
JUAN 7:37

Arrepentíos y convertíos, para que vuestros
pecados sean borrados, a fin de que tiempos de
refrigerio vengan de la presencia del Señor.
HECHOS 3:19, LBLA

18

Señor, enseña a mis nietos a resistir su propia rebelión

*D*ios no da hijos para que causen problemas. Él promete que quienes le sirven y enseñan a sus hijos a servirle serán bendecidos. «*No trabajarán en vano, ni darán a luz para maldición*; porque son linaje de los benditos de Jehová, y sus descendientes con ellos» (Isaías 65:23).

Como padres y abuelos debemos recordar siempre este versículo bíblico.

Cuando un hijo parece darnos problemas siempre o le trae problemas a su familia, esto es obra del enemigo. Es decir, a menos que puedas ver que es una influencia directa de la rebelión de uno o ambos padres, en cuyo caso debes orar para que se quebrante el espíritu de rebelión en los padres así como en tu nieto.

No me refiero a niños pequeños que no han aprendido todavía la diferencia entre el bien y el mal. Me refiero a los hijos que la conocen y optan por rebelarse en contra de sus padres y otras autoridades en sus vidas.

El enemigo quiere ver a nuestros nietos de su lado, y los tentará para que se rebelen contra sus padres. Nuestro enemigo primero se rebeló contra Dios, y quiere que nuestros hijos y nietos hagan lo mismo. Así que los niños probarán sus límites con sus padres hasta ver con claridad dónde están. Ora para que los padres de cada uno de tus nietos logren discernir cuándo un espíritu de rebeldía comienza a levantarse en sus hijos y sepan cómo detenerlo.

La corrección de un niño rompe el yugo de la rebelión. Siempre que un niño no se corrige como es debido, lo acerca más a las manos del enemigo. La Biblia dice: «No rehúses corregir al muchacho» (Proverbios 23:13-14). La segunda mitad del versículo habla de castigarlo con vara. Esto no significa que debamos golpear a un niño de la forma que lo conocemos hoy. Eso es inconcebible. Significa que el castigo debe sentirse. Quizá sea quitarle su posesión favorita o restringirle sus actividades hasta que se arrepienta y decida obedecer. Cuando un padre espera mucho tiempo para corregir a un niño, le dice que el mal comportamiento no trae consecuencias. Tal vez el niño no capte este mensaje antes de que algo terrible le pase a él o a otra persona por su culpa. Si el niño no *siente* la corrección de alguna forma, se intensificará su rebelión.

Si los *padres* no disciplinan a su hijo por tener un espíritu de rebeldía, *el enemigo lo hará*. (Lee Proverbios 17:11).

La Biblia también dice: «Hijo mío, no rechaces la disciplina del Señor ni aborrezcas su reprensión, porque el Señor a quien ama reprende, como un padre al hijo en quien se deleita» (Proverbios 3:11-12, lbla).

Dicho esto, los padres necesitan tener sabiduría para saber qué corrección resulta mejor con cada niño, pues cada uno es diferente. Nos costó mucho convencer a nuestro hijo de que obedecernos y resistir todo pensamiento de rebeldía era bueno para él. Con nuestra hija, a veces bastaba una mirada de desaprobación para ver al instante el arrepentimiento de su corazón. La Biblia dice: «Castiga a tu hijo en tanto que hay esperanza; mas no se apresure tu alma para destruirlo» (Proverbios 19:18).

Eso lo dice todo.

Conocemos a cada uno de nuestros hijos por lo que hace: si hace lo adecuado o tiene una actitud de rebeldía. Un niño crea su reputación cuando la gente hace juicios sobre él, ya sea que le agrade o no a otros niños, y si otros adultos con normas piadosas quieran estar siquiera a su alrededor. Como regla general, debemos orar para que cada uno de nuestros nietos tenga un corazón presto para escuchar la enseñanza. «Cesa, hijo mío, de oír las enseñanzas que te hacen divagar de las razones de sabiduría» (Proverbios 19:27).

La raíz de toda rebeldía es el orgullo.

La Biblia dice que no debemos ser rebeldes ni orgullosos, sino que más bien debemos ir al Señor como niños. Jesús dijo: «Les aseguro que a menos que ustedes cambien y se vuelvan como niños, no entrarán en el reino de los cielos. Por tanto, *el que se humilla como este niño será el más grande en el reino de los cielos*» (Mateo 18:3-4, NVI®). Eso significa que debemos orar para que nuestros nietos sean humildes y enseñables, y no orgullosos ni arrogantes, pues esta es la única manera en que pueden entrar en el reino de Dios en esta tierra así como en la eternidad.

Pídele a Dios que te muestre lo que hay en el corazón de cada uno de tus nietos para que puedas orar para que el espíritu de rebeldía no pueda establecer fortaleza en ellos.

El orgullo fue a lo que Lucifer le dio cabida cuando era el líder de adoración a Dios en los cielos. Su orgullo hizo que se viera envuelto en su propia belleza, y se rebelara contra Dios. Quizá te preguntes por qué Dios no lo disciplinó. En cambio, lo *hizo*. A Lucifer lo echaron del cielo y se convirtió en Satanás, un simple ser creado sin futuro y sin esperanza. Jesús dijo: «Yo veía a Satanás caer del cielo como un rayo» (Lucas 10:18). Jesús no solo imaginó esto; Él estaba allí cuando sucedió. Jesús dio su vida a fin de que nosotros podamos tener la victoria sobre la muerte, el infierno y *«sobre todo el poder del enemigo»* (Lucas 10:19, LBLA).

Pídele a Dios que les dé a tus nietos un corazón arrepentido. Un corazón arrepentido no guarda rebeldía. Es presto para sentir el dolor de los pensamientos, actitudes y acciones pecaminosas, y se arrepiente de inmediato ante Dios. Una persona con un corazón arrepentido les dice con rapidez: «Perdóname» a Dios, a sus padres o cualquier otro a quien ofendiera. Esto les servirá bien a tus nietos todos los días de su vida.

Mi oración a Dios

Señor:

Levanto mis nietos a ti. (Nombra cada nieto ante Dios). Te pido que crezcan sin arrogancia y orgullo. Haz que tengan un corazón humilde y un espíritu enseñable. Ayúdales a aprender a someterse con humildad a ti, así como también a sus padres y a las autoridades legítimas en sus vidas.

Te ruego que ningún pensamiento de rebeldía eche raíces en su mente o corazón. Guárdalos de cualquier rebelión contra ti o sus padres. Capacita a sus padres para que reconozcan de inmediato cualquier actitud de rebeldía y tengan sabiduría para hacer lo que sea necesario para detenerla. Dales discernimiento agudo para que no permitan que esto crezca y se llegue a establecer en sus hijos. También ayúdame a reconocerlo en mis nietos y resistirlo de manera poderosa en oración y comunicación con el niño. Quita todo espíritu de rebeldía y dale a cada uno de mis nietos un corazón humilde y de reverencia a ti.

Gracias, Señor, que mis hijos y nietos no se dieron a luz para maldición (Isaías 65:23). Si alguno de mis nietos ya ha ocasionado problemas a sí mismo o a su familia, te ruego que le traigas libertad a su corazón. Quebranta cualquier alianza con el enemigo. Destruye cualquier deseo de *asociarse* con gente rebelde o de *idolatrar* a quienes están arraigados en la rebelión. Libera a ese niño de modo que lo uses con poder para tu propósito y no para el propósito del enemigo.

Si alguno de mis nietos tiene una voluntad fuerte, enséñale a que se someta a tu voluntad y no a sus propios deseos. Ayuda a ese niño de voluntad fuerte a convertirse en un líder fuerte en tu reino que dependa de ti. Hazle que sea una fuerza para bien y no para mal. Ilumínalo para reconocer la rebeldía en su corazón y resistirla. Dale un corazón puro y quita cualquier deseo de dominar o controlar a otros. Dales a los padres sabiduría para no verse controlados por su hijo. Dale a cada uno de mis nietos un corazón que quiera servirte a ti y servir a otros según tu dirección y tu voluntad en sus vidas.

Te lo pido en el nombre de Jesús.

La Palabra de Dios para mí

El que es reacio a las reprensiones será
destruido de repente y sin remedio.
PROVERBIOS 29:1, NVI®

El que engendra un necio, para su tristeza
lo engendra, y el padre del necio no tiene alegría.
PROVERBIOS 17:21, LBLA

Escucha, hijo mío, y sé sabio, y dirige tu
corazón por el buen camino.
PROVERBIOS 23:19, LBLA

El rebelde no busca sino el mal, y mensajero
cruel será enviado contra él.
PROVERBIOS 17:11

Dios [...] saca a los cautivos a prosperidad;
mas los rebeldes habitan en tierra seca.
SALMO 68:6

19

Señor, no permitas que mis nietos se desvíen al territorio del enemigo

No necesitamos tener un espíritu pecaminoso ni rebelde a fin de desviarnos hacia el territorio enemigo. Puede pasar solo cuando nos descuidamos o pasamos por alto sus trampas para destruirnos.

Ser tentado no es pecado. Lo es no huir de la tentación.

El enemigo está siempre planeando el mal y la destrucción, y las únicas cosas que lo detienen son las oraciones de los guerreros de oración. Nuestras oraciones pueden evitar que el enemigo encuentre una puerta para entrar en el corazón de nuestros nietos.

Si tú no fueras un guerrero de oración no estarías leyendo este libro. Dios quiere usarte para que el enemigo se mantenga lejos de tus hijos y nietos. Recuerda que cuando oras no *entras* al territorio del enemigo, *reclamas* territorio que robó el enemigo. Si ves a uno de tus nietos que se aventura hacia el territorio controlado por el enemigo, reclama a ese niño para el reino de Dios. «Resiste al diablo» en su nombre, y el diablo «huirá de ti» y de tu nieto. (Lee Santiago 4:7).

Tus oraciones por tus nietos tienen poder, pues tienen el poder y la voluntad de Dios. No hay poder mayor que este.

A través de tus oraciones es que se dirige el poder de Dios. Así lo estableció Él. Por eso es que quiere que te unas a Él en oración.

Cuando Satanás iba a atacar a Simón Pedro, Jesús oró para que *fuera fortalecido en la fe* contra el ataque. Jesús le dijo: «Simón, Simón, he aquí Satanás os ha pedido para zarandearos como a trigo; pero *yo he rogado por ti, que tu fe no falte*» (Lucas 22:31-32). Jesús tuvo que orar para que su discípulo, que estaba con Él todos los días, tuviera una fe firme para resistir al enemigo. ¿Cuánto más debemos orar por nuestros nietos para que tengan fe para resistir al enemigo cuando los tiente para llevarlos por mal camino?

Jesús les dijo a sus discípulos: «Orad que no entréis en tentación» (Lucas 22:40). ¿Cuánto más no orar igual no solo por nosotros mismos, sino por nuestros hijos y nietos? Ora para que siempre se mantengan lejos de las manos del enemigo. Ora para que tengan siempre *el temor de Dios* y no *el temor de los hombres,* porque «el temor al hombre es un lazo, *pero el que confía en el Señor estará seguro*» (Proverbios 29:25, LBLA).

Un lazo es un plan preparado por el enemigo para nuestra destrucción. Sin embargo, nuestra confianza en Dios nos da un lugar de seguridad de esto.

Si tu nieto ya se apartó

Si tus nietos son mayores y ya se apartaron del camino de Dios, ora para que Dios haga lo que sea necesario para rescatarlos. Una persona puede aventurarse al territorio del enemigo por la atracción a la forma de pensar del mundo. La atracción al pecado, de cualquier tipo, sin arrepentimiento ante Dios o los padres, es un lazo.

Ora por esos nietos que ya entraron en territorio enemigo, a fin de que vengan al Señor y se sientan atraídos a sus caminos. Ora para que Dios los dirija a salir de la tierra del enemigo. Las promesas de Dios a su pueblo acerca de los hijos son:

Reprime tu voz del llanto, y tus ojos de las lágrimas; hay pago para tu trabajo —declara el Señor—, pues *volverán de la tierra del enemigo.* (Jeremías 31:16, lbla)

Alza los ojos, mira a tu alrededor: todos se reúnen y acuden a ti. Tus hijos llegan desde lejos; a tus hijas las traen en brazos. *Verás esto y te pondrás radiante de alegría; vibrará tu corazón y se henchirá de gozo.* (Isaías 60:4-5, nvi°)

Todos nos regocijamos cuando vemos a nuestros hijos y nietos regresar al Señor.

Cada vez que pienses acerca de tu nieto descarriado, recita este versículo: «*Esperanza hay también para tu porvenir*, dice Jehová, *y los hijos volverán a su propia tierra*» (Jeremías 31:17).

Reclama ese versículo para tu nieto descarriado y ora conforme a esto.

Tu ardua labor de oración resultará en que tus nietos vuelvan del territorio del enemigo. No importa cuán lejos se hayan apartado de la vida que les tiene Dios, Él los traerá de regreso a donde deben estar.

Debido a que las promesas de Dios no son un programa de derechos que generamos de manera automática, Él requiere que oremos.

Debemos alabar a Dios constantemente porque traerá de nuevo a nuestros hijos a la manera en que se criaron y se educaron en los caminos de Él. He visto el dolor de abuelos cuando la respuesta a sus oraciones por nietos descarriados demora en llegar. Si ese eres tú, te animo a que confíes que Dios ve tus lágrimas y escucha tus oraciones. La demora quizá se deba a que esté lidiando con una voluntad fuerte en ese nieto. Cuando tu corazón llora ante el Señor por tus nietos, puedes gozarte al saber que algo se ha logrado en el reino espiritual que se manifestará en lo físico también.

La verdad es que *«irá andando y llorando el que lleva la preciosa semilla; mas volverá a venir con regocijo,* trayendo sus gavillas»* (Salmo 126:6). Gracias a Dios que un día te regocijarás con el fruto de tus oraciones que siembras como semillas en las vidas de tus nietos.

Jesús contó una parábola que sugiere la *necesidad de orar siempre, y no desmayar* (lee Lucas 18:1). Así que recuerda esto y no te dejes llevar por el desánimo acerca de tus hijos o nietos cuando no se responden de inmediato tus oraciones. Sigue orando.

Recuerda que «esta leve tribulación momentánea produce en nosotros un cada vez más excelente y eterno peso de gloria; no mirando nosotros las cosas que se ven, sino las que no se ven; pues las cosas que se ven son temporales, pero las que no se ven son eternas» (2 Corintios 4:17-18).

No desmayes. Si estamos orando, algo está sucediendo. Solo que no lo podemos ver... todavía.

La Biblia dice: «A los que aman a Dios, todas las cosas les ayudan a bien, esto es, a los que conforme a su propósito son llamados» (Romanos 8:28). No obstante, en los dos versículos anteriores a este se habla acerca de la oración y cómo el Espíritu Santo nos ayuda a orar según la voluntad de Dios (Romanos 8:26-27). ¿Será, pues, que las cosas ayudan a bien cuando oramos? Así lo creo.

Lo cierto es que «los ojos del Señor recorren toda la tierra *para fortalecer a aquellos cuyo corazón es completamente suyo*» (2 Crónicas 16:9, LBLA). Dios busca personas que le amen y oren con fervor para moverse de manera más poderosa por su bien. Si nuestro corazón es fiel a Dios, la Biblia dice que «en todas estas cosas somos más que vencedores por medio de aquel que nos amó» (Romanos 8:37).

Sin importar lo que suceda, resiste al enemigo al no darte por vencido en la oración por tus nietos. Si el enemigo aumenta la intensidad sobre tus hijos y nietos, tú aumenta el fervor de tus oraciones.

Mi oración a Dios

Señor:

Levanto mis nietos a ti. (<u>Nombra cada nieto ante Dios</u>). Sé que en tu Palabra le prometiste a tu pueblo que si te servían, tú harías volver a sus hijos de las tierras del enemigo para que regresaran a ti. Debido a que te amo y quiero servirte todos los días de mi vida, creo que esta promesa es para mí también. Si uno de mis hijos o nietos se aparta hacia el territorio del enemigo, hazlo regresar a ti.

Jesús, tú oraste por tus discípulos para pedirle a Dios que «los guardes del maligno» (Juan 17:15, LBLA). Te ruego lo mismo por mis nietos: que *tú los guardes del maligno*. Te ruego que, en el caso de que ya se extraviaran hacia el territorio enemigo, los traigas de regreso. Te pido que te sigan todos los días de su vida y no se desvíen de tus caminos.

No permitas que mis nietos se cieguen por las mentiras del enemigo. Enséñales a ver siempre tu verdad. Permíteles escuchar tu voz guiándoles, y silencia la voz del enemigo. Te ruego que puedan entender la batalla espiritual que cada uno de nosotros enfrenta y todo lo que has hecho por los que rechazan las lujurias del enemigo. Dales a mis nietos discernimiento para que puedan diferenciar con claridad entre el bien y el mal. Permíteles que sean lo bastante fuertes para que no le «den cabida al diablo» (Efesios 4:27, NVI®). Fortalécelos para que se abstengan «de toda forma de mal» (1 Tesalonicenses 5:22, LBLA).

Cuando el enemigo aumente la intensidad de sus ataques contra mis nietos para llevarlos a su territorio, ayúdame a aumentar el fervor de mis oraciones en su contra, sabiendo que yo estoy de tu lado y haciendo tu voluntad.

Te lo pido en el nombre de Jesús.

La Palabra de Dios para mí

Sed sobrios, y velad; porque vuestro adversario el
diablo, como león rugiente, anda alrededor buscando a
quien devorar; al cual resistid firmes en la fe, sabiendo
que los mismos padecimientos se van cumpliendo en
vuestros hermanos en todo el mundo.
1 Pedro 5:8-9

Examinadlo todo; retened lo bueno.
Absteneos de toda especie de mal.
1 Tesalonicenses 5:21-22

Contienda contigo yo contenderé,
y salvaré a tus hijos.
Isaías 49:25, lbla

«Dios se opone a los orgullosos, pero da gracia a los
humildes». Así que sométanse a Dios.
Resistan al diablo, y él huirá de ustedes.
Santiago 4:6-7, nvi®

Manténganse alerta; permanezcan firmes
en la fe; sean valientes y fuertes.
1 Corintios 16:13, nvi®

20

Señor, haz que a mis nietos los atraigan amistades piadosas

Todos hemos visto cómo la presencia de una amistad impía puede influir en la vida de un niño de forma negativa. No significa necesariamente que esa amistad sea una mala persona, pero quizá cuando ambos se juntan los resultados no sean buenos. Por eso, sin importar la edad de nuestros nietos, debemos orar para que tengan amistades buenas, piadosas, obedientes y creyentes. La Biblia dice que no debemos unirnos «en yugo desigual con los incrédulos» (2 Corintios 6:14). Esto no significa que nuestros nietos nunca puedan estar alrededor de amigos que no creen en Dios. Significa que sus amigos más cercanos, los que tienen más influencia en sus vidas, deben ser creyentes.

Siempre podemos orar para que esos amigos incrédulos vengan al conocimiento del Señor, pero a menudo esto no sucede con rapidez, si es que sucede. Y no queremos esperar mucho para tantear el terreno con respecto a nuestros nietos.

Ora para que los padres de tus nietos tengan un discernimiento claro acerca de esto. A veces están tan abrumados por sus vidas que solo están agradecidos de que sus hijos *tengan* amigos y no toman tiempo para aprobarlos con el Señor. Solo Dios sabe de veras quién es una mala influencia para tus nietos y quién no. Y la verdad al respecto no siempre es lo que parece al principio. En otras palabras, alguien que parezca ser buen amigo quizá traiga, en realidad, resultados negativos cuando se junta con tu nieto.

Conozco una preciosa abuela de oración que me pidió que orara por su nieto. Desde que el niño nació, su relación había sido estrecha y a menudo lo cuidaba cuando era pequeño. Me dijo que era un niño maravilloso, y que había un profundo vínculo de afecto entre los dos. Hacían juntos muchas cosas y se divertían en grande, y ella siempre lo llevaba a la iglesia cuando lo cuidaba. Era obediente e inteligente, y daba muestras de tener un futuro prometedor.

Lo lamentable es que cuando llegó a la adolescencia, se involucró con algunas malas amistades. Hacían cosas impías, y a los dieciocho años terminó en la cárcel por robo. Ahora la abuela ora sin cesar por su nieto mientras este se encuentra en prisión, y su corazón sufre por él. Hemos orado juntas para que Dios le alcance durante su encarcelamiento. Le hemos pedido a Dios que envíe personas que le hablen la verdad acerca del amor de Dios por él. Oramos para que tenga una revelación clara de cuánto necesita entregarle su vida a Dios y gane una visión de lo que *puede llegar a ser*. Le pedimos a Dios que le dé un deseo firme de hacer las cosas de manera diferente. También oramos para que cuando salga de la cárcel, rompa todo contacto con los malos amigos, y que esas malas amistades o bien se transformen o salgan de la vida de su nieto.

Otra abuela de oración sé que oraba por su nieto, a quien encarcelaron, para que se le inculcara el temor de Dios de una manera inolvidable, y que renunciara a los amigos que, de entrada, lo llevaron a terminar en la cárcel. Sus oraciones recibieron una gran respuesta cuando el joven se vio en una celda con otros quince criminales. La experiencia lo llenó de miedo, al punto de que juró no verse jamás en esa terrible posición. Recibió una verdadera visión de Dios de cómo nació para cosas mayores. Dejó por completo a sus viejas amistades y trabajó duro para ir a la universidad. Hasta hoy, tiene un buen empleo y nunca más ha estado metido en problemas.

Una abuela que ora puede ser una barrera formidable contra una vida de actividad criminal con malas amistades.

A menudo una buena iglesia es el mejor lugar para conocer amistades piadosas. Ora para que los padres de tus nietos los lleven a la iglesia de modo que puedan conocer buenos amigos de familias piadosas. Si los padres no llevan a sus hijos a la iglesia, pregunta a ver si te dejan llevarlos *tú*, si es que vives lo bastante cerca. Si no es posible llevar a tus nietos a la iglesia, ora para que alguna persona se ocupe y se ofrezca para llevarlos. Tengo una amiga que lleva a sus cinco nietos con ella (de edades entre dos y dieciséis años) a la iglesia casi todos los fines de semana; y a ellos les encanta porque la iglesia tiene programas fantásticos para todas las edades. Los padres de estos chicos trabajan muy duro, y están felices de que ella haga esto porque pueden dormir un poco ese día, y saben que esta iglesia es algo que anhelan sus hijos. Ora para que tus nietos encuentren amistades piadosas dondequiera que estén y que se sientan atraídos a ese tipo de personas. Ora para que tengan *discernimiento* para saber cuándo una amistad no es piadosa, y *fortaleza* para poder resistir la influencia de esa persona en su vida.

Mi oración a Dios

Señor:

Levanto mis nietos a ti. (<u>Nombra cada nieto ante Dios</u>). Te pido que traigas a sus vidas amistades piadosas. Sé que las malas amistades pueden apartarlos de ti y de tus caminos. Por favor, no dejes que esto suceda con mis nietos. Tu Palabra habla con frecuencia acerca de los beneficios de los amigos piadosos, así que tu advertencia es clara. Guíalos a buenas escuelas y buenas iglesias donde puedan encontrar amistades piadosas.

Elimina de mis nietos cualquier atracción hacia amistades que les hagan apartarse del camino que tienes para ellos. Perturba su conciencia de tal manera que rechacen buscar la aprobación de personas que los alejarán de ti y tus caminos. Dales una visión clara de las consecuencias que trae gastar tiempo con amistades impías y que pueden llevarlos a la destrucción. Haz que se nieguen a seguir ese camino.

En el caso de que ya entraran a sus vidas quienes son malas influencias, haz que mis nietos se alejen de ellos. Haz que sus padres se den cuenta. Revélame a mí también esto, y muéstrame cómo interceder a su favor. Rompe esas amistades y quita toda mala influencia de sus vidas. No permitas que los planes del enemigo tengan éxito en ninguno de mis nietos por la influencia de amistades impías.

Te lo pido en el nombre de Jesús.

La Palabra de Dios para mí

El justo sirve de guía a su prójimo; mas el
camino de los impíos les hace errar.
PROVERBIOS 12:26

No os unáis en yugo desigual con los incrédulos;
porque ¿qué compañerismo tiene la justicia
con la injusticia? ¿Y qué comunión la luz
con las tinieblas? [...] ¿O qué parte el
creyente con el incrédulo?
2 CORINTIOS 6:14-15

No entres en la senda de los impíos,
ni vayas por el camino de los malvados.
PROVERBIOS 4:14, LBLA

¿Pueden dos caminar juntos sin antes
ponerse de acuerdo?
AMÓS 3:3, NVI®

El que anda con sabios, sabio será; mas el
que se junta con necios será quebrantado.
PROVERBIOS 13:20

21

Señor, dales a mis nietos sabiduría y entendimiento piadosos

*T*odos queremos que nuestros nietos, así como nuestros hijos, tengan la sabiduría que viene de Dios. Esa es la *verdadera* sabiduría. Sin ella no pueden tomar buenas decisiones, discernir el bien del mal ni entender el verdadero carácter de otra persona.

La Biblia dice que el principio de la sabiduría es el temor de Dios. (Lee Proverbios 9:10). Dios derrama su sabiduría, el Espíritu de sabiduría, en el corazón de la persona que lo reverencia. Tener sabiduría dada por el Espíritu Santo a tus nietos les dará una comprensión innata que les servirá bien toda su vida.

La Biblia dice: «El hijo sabio alegra al padre, pero el hijo necio es tristeza de su madre» (Proverbios 10:1). Los padres se agradan cuando los hijos son sabios y no necios. «Hijo mío, si tu corazón es sabio, también mi corazón se regocijará» (Proverbios 23:15, NVI®).

Por otra parte, «el niño consentido avergüenza a su madre» (Proverbios 29:15, LBLA). Esto habla de un niño a quien no se corrige. Sin corrección no tienen sabiduría y tomarán decisiones necias. Se volverán orgullosos. «El orgullo del hombre lo humillará, pero el de espíritu humilde obtendrá honores» (Proverbios 29:23, LBLA).

Un niño puede ser librado de muchas cosas terribles solo por tener la sabiduría para tomar buenas decisiones. Con toda la maldad y el engaño que hay en el mundo, no podrán tener éxito en la vida sin la sabiduría. Necesitan discernimiento a fin de no confiar en las personas indebidas. La sabiduría de Dios les permite escuchar su voz cuando habla a su corazón, diciéndoles qué camino tomar.

La Palabra de Dios dice: «*Dichoso el que halla sabiduría, el que adquiere inteligencia. Porque ella es de más provecho que la plata y rinde más ganancias que el oro. Es más valiosa que las piedras preciosas: ¡ni lo más deseable se le puede comparar! Con la mano derecha ofrece larga vida*; con la izquierda, *honor y riquezas. Sus caminos son placenteros y en sus senderos hay paz*. Ella es árbol de vida para quienes la abrazan; *¡dichosos los que la retienen!*» (Proverbios 3:13-18, NVI®).

Esto significa que la sabiduría es más valiosa que todos los mayores tesoros de la tierra, pues trae una vida larga, placentera, pacífica y dichosa.

El dinero no puede comprar esto.

La sabiduría piadosa va más allá de la educación y el conocimiento acerca de las cosas. Es un sentido constante de la verdad que les permite a las personas tomar buenas decisiones. Pueden entender los detalles de su vida con mucho más éxito si tienen el Espíritu de sabiduría que los guía.

La Biblia dice: «Oirá el sabio, y aumentará el saber, y *el entendido adquirirá consejo*» (Proverbios 1:5). Un corazón humilde y dispuesto a escuchar el consejo de personas piadosas le traerá bendición. La Biblia dice que Dios nos llama a buscar el Espíritu de sabiduría, y que Él la derramará en nosotros. Sin embargo, cuando rechazamos su consejo, a Él no le agrada. «*Desechasteis todo consejo mío* y mi reprensión no quisisteis, también yo me reiré en vuestra calamidad, y *me burlaré cuando os viniere lo que teméis*» (Proverbios 1:25-26). Todo lo que tenemos que hacer es pedirle a Dios sabiduría y Él nos la dará. Y no solo podemos pedirla para nosotros, sino para nuestros hijos y nietos también. Además, podemos orar para que lleguen a entender el valor de pedírsela a Dios por sí mismos.

Lo contrario de una persona sabia es una necia. Hay suficientes advertencias en la Biblia acerca de ser necios como para que nos provoque a orar mucho al respecto.

Los que rechazan la sabiduría son necios. «Los necios aborrecerán el conocimiento» (Proverbios 1:22, lbla). Entonces, cuando los necios comienzan a escuchar a Dios, Él los recompensa con sabiduría y entendimiento. «*Volveos a mi reprensión; he aquí yo derramaré mi espíritu sobre vosotros,* y os haré saber mis palabras» (Proverbios 1:23).

Quienes rechazan la oportunidad de poseer sabiduría, se arrepienten y terminan lamentándose. «*Entonces me invocarán, pero no responderé; me buscarán con diligencia, pero no me hallarán; porque odiaron el conocimiento, y no escogieron el temor del Señor, ni quisieron aceptar mi consejo, y despreciaron toda mi reprensión*; comerán del fruto de su conducta, y de sus propias artimañas se hartarán. Porque el desvío de los simples los matará, y la *complacencia de los necios los destruirá*» (Proverbios 1:28-32, lbla).

Esta es una advertencia aterradora, y no queremos ninguna para nuestros nietos.

La sabiduría piadosa nos da entendimiento, sano juicio y un fuerte sentido de las cosas buenas que debemos hacer. Queremos que nuestros nietos siempre sepan actuar bien en cada situación.

La sabiduría piadosa nos da sentido común. Los impíos no lo tienen. La gente sin sentido común es incapaz de ver todas las consecuencias de sus acciones antes de actuar.

Sé que no tengo que convencerte acerca de la necesidad de tus nietos por sabiduría. Todos hemos cometido estúpidos errores espirituales en nuestra vida y quisiéramos haber tenido entonces la sabiduría de Dios en nosotros en ese momento. Todos hemos vivido lo suficiente como para conocer su valor y quisiéramos evitar que nuestros nietos experimenten las terribles cosas que pueden sucederles a las personas sin sentido común.

Por eso necesitamos orar.

Mi oración a Dios

Señor:

Te pido que derrames tu espíritu de sabiduría sobre mis nietos. (Nombra cada nieto ante Dios). Tu Palabra dice: «Si *clamas a la inteligencia*, y *alzas tu voz al entendimiento*, si la buscas como a plata, y *la procuras como a tesoros escondidos*, entonces *entenderás el temor del* SEÑOR, *y descubrirás el conocimiento de Dios*» (Proverbios 2:3-5, LBLA). Clamo a la inteligencia en nombre de mis nietos. Dales el deseo de entendimiento piadoso. Haz que busquen tu sabiduría. Sé por tu Palabra que la sabiduría viene por medio del Espíritu Santo.

Impídeles hacer cosas necias para que no tengan que sufrir las consecuencias que le espera a cada necio. Dales sabiduría para alejarse del peligro y la maldad. Ayúdalos a escuchar tu voz diciéndoles cuál es el camino por donde deben andar (Isaías 30:21). Haz que mis nietos sean sabios y sepan discernir entre lo que es limpio o no. Dales la verdadera sabiduría que necesitan para determinar el verdadero carácter de las personas a su alrededor, de modo que no permitan gente malvada en sus vidas. Enséñales a que «el entendido adquirirá consejo» (Proverbios 1:5).

Tu Palabra dice que «el oído que escucha las represiones de la vida, morará entre los sabios» (Proverbios 15:31, LBLA). «El que tiene en poco la disciplina menosprecia su alma; mas el que escucha la corrección tiene entendimiento» (Proverbios 15:32). «El temor de Jehová es enseñanza de sabiduría; y a la honra precede la humildad» (Proverbios 15:33).

Para mis nietos, te pido como Pablo que sean «llenos del conocimiento de *tu* voluntad en toda sabiduría e inteligencia espiritual» y que anden «como es digno del Señor, agradándole en todo, llevando fruto en toda buena obra, y creciendo en el conocimiento de Dios» (Colosenses 1:9-10). Te ruego que tú, Señor, libres a mis nietos de la poderosa oscuridad de la ignorancia y los traslades «al reino de [tu] amado Hijo» (Colosenses 1:13).

Te lo pido en el nombre de Jesús.

La Palabra de Dios para mí

El comienzo de la sabiduría es el temor del Señor;
conocer al Santo es tener discernimiento.
PROVERBIOS 9:10, NVI®

El padre del justo se regocijará en gran manera,
y el que engendra un sabio se alegrará en él.
PROVERBIOS 23:24, LBLA

Cuando la sabiduría entrare en tu corazón, y la ciencia
fuere grata a tu alma, la discreción te guardará; te
preservará la inteligencia, para librarte del mal camino,
de los hombres que hablan perversidades.
PROVERBIOS 2:10-12

El necio da rienda suelta a su ira,
pero el sabio la reprime.
PROVERBIOS 29:11, LBLA

El que ama la sabiduría alegra a su padre,
pero el que anda con rameras malgasta su fortuna.
PROVERBIOS 29:3, LBLA

CUARTA SECCIÓN

*Ora por la
provisión y el bienestar
de tus nietos*

Bienestar

22

Señor, ayúdame a ser un modelo piadoso para mis nietos

*N*o vivimos en un vacío. Todo lo que hacemos, o *no* hacemos, puede afectar a nuestra familia de alguna manera en el campo espiritual. Por ejemplo, la Palabra de Dios dice: «Bienaventurado es el hombre que teme al Señor, que mucho se deleita en sus mandamientos. *Poderosa en la tierra será su descendencia*» (Salmo 112:1-2, LBLA). Esto significa que aun cuando cada persona tiene la responsabilidad ante Dios por su propia relación y su caminar con Él, hay aún un sinnúmero de bendiciones y beneficios para nuestros hijos y nietos cuando amamos, servimos, adoramos, honramos y obedecemos a Dios.

¡Qué maravillosa promesa de Dios para su pueblo que lo reverencia y vive a la manera de Él! Por eso, no importa cuánto tiempo ni cuán bien hemos caminado con Dios, siempre es bueno humillarnos y pedirle que nos muestre si hay algo en nuestro corazón o nuestra vida que no le agrada. Después de todo, cualquiera de nosotros puede albergar falta de perdón, amargura, duda o pensamientos poco amorosos hacia alguien sin considerarlo un pecado. Esas actitudes a menudo se infiltran sin que siquiera nos demos cuenta si no le pedimos a Dios que nos ayude a estar al tanto. Es mejor traer al descubierto todo el pecado ante Dios a fin de confesárselo y ser libres de cualquier barrera que impida la respuesta a nuestras oraciones.

Debido a que nuestros descendientes reciben bendiciones cuando vivimos a la manera de Dios, es importante que no solo vivamos siempre a la manera de Dios, sino que lo demostremos de una forma real que les resulte clara.

Cómo mostrar a nuestros nietos el camino de Dios

Una de las cosas que Dios quiere que hagamos es que les hablemos de Él a nuestros hijos y nietos; lo que *Él* ha hecho tanto en la tierra como en nuestras propias vidas, y lo que está haciendo *en* nosotros en el presente. Estas verdades se tienen que transmitir. *«Cuéntenselo a sus hijos, y que ellos se lo cuenten a los suyos, y estos a la siguiente generación»* (Joel 1:3. NVI*). Dios no quiere que mantengamos en secreto las cosas que Él ha hecho por nosotros sin decírselas a nuestros nietos. *«No lo ocultaremos a sus hijos, sino que contaremos a la generación venidera las alabanzas del SEÑOR, su poder y las maravillas que hizo»* (Salmo 78:4, LBLA).

Podemos contarles a nuestros nietos cuán bendecida es la gente que lo ama a Él y vive a su manera. Podemos narrarles las historias de nuestras vidas, o de personas que conocemos, que vivieron amando a Dios y fueron bendecidas, o que *no* vivieron a la manera de Dios y pagaron las consecuencias. Debemos amar a Dios lo suficiente como para nunca olvidar lo que ha hecho, de modo «que lo sepa la generación venidera, y los hijos que nacerán; y los que se levantarán lo cuenten a sus hijos, a fin de que pongan en Dios su confianza, y no se olviden de las obras de Dios; que guarden sus mandamientos» (Salmo 78:6-7).

Aprecia lo que Dios te ha enseñado, te ha hablado o ha hecho por ti lo suficiente como para contárselo a tus nietos de manera apropiada para su edad y que lo puedan entender.

Es de suma importancia que les enseñemos a nuestros nietos acerca de Dios y de los beneficios de andar en sus caminos a fin de que puedan decírselo a *sus* futuros hijos.

Cuando hablamos de la Palabra de Dios, así como las palabras específicas que el Señor ha dicho a nuestro corazón, podemos impartir en nuestros nietos un legado espiritual que se quedará con ellos para siempre. Podemos pedirle a Dios que nos ayude a encontrar pepitas especiales en su Palabra que sean sencillas y perfectas para comunicárselas a nuestros nietos cuando los vemos, les escribimos o les hablamos. Si no lo hacemos como un sermón, sino más bien en un intercambio natural y de manera gozosa, penetrarán en su corazón, en especial si oramos primero para que eso suceda.

Dios quiere que su Palabra pase de generación a generación, pero no podemos pensar que esto va a suceder automáticamente sin importar lo que hagamos o dejemos de hacer. No, eso no funciona así. No solo tenemos que estar nosotros en la Palabra, sino dejar que la Palabra esté *en nosotros*. Debemos permitirle al Espíritu de Dios que esta cobre vida en *nuestro* corazón para que fluya de nosotros hacia nuestros nietos y les hable a través de nosotros. Y para que eso suceda, tenemos que *orar*.

Lo cierto es que todo lo que hemos logrado en el Señor y hemos aprendido de Dios puede perderse en la próxima generación. Todos hemos visto que eso sucede en las familias demasiado a menudo. El enemigo de todo creyente tratará constantemente de robarnos todo lo que es de Dios, incluso nuestros hijos y nietos. Sin embargo, en la oración tenemos el poder de detenerlo. Es el *poder de Dios*, y Él obra de manera poderosa a través de nuestras *oraciones*. Aun así, no solo debemos *orar*. Dios también dice que debemos *hablar*.

*A menos que digamos a la próxima generación lo que sabemos
de Dios, y oremos para que lo retengan en su corazón, no podemos
dar por sentado que nuestros hijos y nietos crecerán conociéndole y
amándole.*

Reconstruye lo que se destruyó

Puede ser que algunas relaciones ya se rompieran en tu familia. Si es así, no te culpes, ni culpes a otros tampoco. Es una pérdida de tiempo y no logras nada tampoco. El plan del enemigo es causar brechas en las relaciones familiares. Detesta las familias porque son el plan de Dios para nosotros, así que inventa formas de robarse las nuestras. Perdónate y perdona a los demás, y dedícate a los negocios de un guerrero de oración: ora.

Si en algún momento te sientes desesperanzado o desanimado respecto a las relaciones rotas en tu familia, quiero que comprendas el poder de la promesa que tenemos en Isaías 58, acerca de lo que sucede cuando *ayunamos y oramos*. Dios describe la clase de ayuno que *Él* quiere, que es derribar las fortalezas, «*desatar las ligaduras de impiedad, soltar las cargas de opresión, y dejar ir libres a los quebrantados, y que rompáis todo yugo*» (Isaías 58:6). Y mucho más, como si eso no fuera suficiente. Luego, describe todo lo que puede lograrse debido al ayuno, como sanidad, liberación, oraciones contestadas, dirección, fortaleza, constante refrigerio, restauración, etc.

¿Qué familia no necesita todo esto?

Dios dice que el ayuno junto con la oración es una de las mejores maneras de ver adelantos en tu vida y la de tu familia. Dijo: «Los tuyos *reedificarán las ruinas antiguas; levantarás los cimientos de generaciones pasadas, y te llamarán reparador de brechas, restaurador de calles* donde habitar» (Isaías 58:12, LBLA).

Si has visto ruinas y cimientos destruidos en tu familia, por cualquier motivo, es preciso que sepas que Dios hace milagros cuando ayunas y oras. Eso se debe a que su voluntad no solo es que tu familia permanezca intacta, sino que se establezca de manera sólida en la roca que es Jesucristo y su Palabra. Mediante el ayuno y la oración, *tú* puedes ser el «reparador de brechas» que ayude a construir de nuevo los cimientos de la familia.

La siguiente gran promesa para esos de nosotros que amamos y servimos a Dios es la razón por la cual nunca podemos dejar de orar. «En cuanto a mí —dice el Señor—, este es mi pacto con ellos: Mi Espíritu que está sobre ti, y *mis palabras que he puesto en tu boca, no se apartarán de tu boca, ni de la boca de tu descendencia, ni de la boca de la descendencia de tu descendencia* —dice el Señor— desde ahora y para siempre» (Isaías 59:21, LBLA).

La Biblia dice: «Camina en su integridad el justo; sus hijos son dichosos después de él» (Proverbios 20:7). Ora para que la verdad de este pasaje sea una evidencia clara en ti y tu familia.

Algún día, una de las cosas que me gustaría contarles a mis nietos, cuando tengan suficiente edad para entender, es la promesa del cielo y de vivir con Dios para siempre. Quiero decirles que debido a que tengo mucha más edad que ellos, un día me puedo enfermar o debilitar, y Dios me llamará al cielo con Él. Sin embargo, no quiero que se sientan tristes por eso; bueno, quizá al principio, porque espero haber sido una bendición para ellos, pero no para siempre. Eso se debe a que yo estaré muy feliz en el cielo. Aun cuando los extrañaré, me sentiré gozosa por estar con Jesús. No me enfermaré ya más. Tendré una bella mansión donde vivir y muy buen alimento para comer, y todos allí amarán a Dios y se amarán unos a otros. No habrá nada que temer porque allí no hay tristeza ni dolor. Y un día, cuando les llegue a *ellos* la hora de estar con el Señor, Jesús los recibirá también. Y yo estaré allí para recibirlos también. Además, estaremos juntos con el Señor y con nuestros seres queridos para siempre en el lugar más bello y maravilloso que jamás pudiéramos imaginar.

Les diré que Dios siempre tiene buenas cosas preparadas para quienes le aman.

Mi oración a Dios

Señor:

Levanto mis nietos a ti. (<u>Nombra cada nieto ante Dios</u>). Ayúdame a serles un ejemplo piadoso y digno. Graba profundamente tu Palabra en mi corazón no solo para poder entender y retenerla, sino para que se convierta en una parte de mí de tal forma que sobreabunde y fluya hacia mis hijos y nietos en mi diario vivir y hablar. Muéstrame cómo impartirle tu Palabra a cada uno de mis nietos de forma amorosa y edificante para que se convierta en parte de su vida y se grabe también en sus corazones. Ayúdame a comunicarla siempre como una bendición que quieran escuchar, y no como juicio que aleje sus corazones de ella.

Muéstrame cualquier pecado en mi vida que necesito confesar ante ti. No quiero que nada interfiera con tu promesa de derramar bendiciones sobre mis descendientes debido a la vida justa que vivo ante ti. Ayúdame a vivir una vida larga y saludable para ser una influencia positiva y amorosa para mis nietos. También te pido por sus padres. Tu Palabra dice que «los hijos de tus siervos habitarán seguros, y su descendencia será establecida delante de ti» (Salmo 102:28). Ese es mi ruego para mi familia.

Te ruego que cada uno de mis nietos, aun los que no hayan nacido todavía, te sirvan todos los días de sus vidas. Impide que nada los arrebate de tus manos. Ayúdame a poner un cimiento tan fuerte en tu Palabra que aun mucho después de haberme ido contigo, ese fundamento de tu Palabra les sirva a ellos también. Capacítame para hablar tu Palabra de una manera tan inspiradora que se transmita de una generación a otra.

Permíteme siempre «perseverar en la oración, velando en ella con acción de gracias» (Colosenses 4:2). Te ruego que me abras una «puerta para la palabra, a fin de dar a conocer el misterio de Cristo» a mis hijos y nietos (Colosenses 4:3). Enséñame a dar siempre buenos consejos cuando me lo pidan. Si siento con fuerza que debo *ofrecer* un consejo piadoso cuando no me lo pidan, ayúdame a discernir tu voluntad para saber cómo hacerlo.

Gracias porque el bien que hago para ti no solo te bendice a *ti*, sino que bendice a mis *hijos* y *nietos*, así como a sus descendientes futuros. Permite que mi vida sea un testimonio de la grandeza de vivir en tus caminos y obedecer tus mandamientos. Hazme como una fragancia de olor grato a mis nietos como resultado de la belleza de tu amor y tu vida en mí.

Te lo pido en el nombre de Jesús.

La Palabra de Dios para mí

Cuídate y guarda tu alma con diligencia, para que no
te olvides de las cosas que tus ojos han visto, y no se
aparten de tu corazón todos los días de tu vida; sino
que las hagas saber a tus hijos y a tus nietos.
DEUTERONOMIO 4:9, LBLA

Tarde o temprano, el malo será castigado; mas la
descendencia de los justos será librada.
PROVERBIOS 11:21

Sus descendientes serán conocidos entre las naciones, y
sus vástagos, entre los pueblos.
Quienes los vean reconocerán que ellos son
descendencia bendecida del SEÑOR.
ISAÍAS 61:9, NVI®

Dios mío, no me lleves en la mitad de mis días;
tus años son por todas las generaciones.
SALMO 102:24, LBLA

Sol y escudo es el SEÑOR Dios; gracia y gloria
da el SEÑOR; nada bueno niega a los que
andan en integridad.
SALMO 84:11, LBLA

23

Señor, dales a los padres de mis nietos la capacidad de proveer bien para su familia

Una de las mayores bendiciones que Dios nos da cuando vivimos a su manera es su provisión.

El rey David dijo: «Joven fui, y he envejecido, *y no he visto justo desamparado, ni su descendencia que mendigue pan*» (Salmo 37:25). Cuando somos misericordiosos y generosos, nuestra «descendencia es para bendición» (Salmo 37:26). Dios «no desampara a sus santos. Para siempre serán guardados; mas la descendencia de los impíos será destruida» (Salmo 37:28).

La promesa de Dios es para los que le temen, aman y obedecen. «*La generación de los rectos será bendita*. Bienes y riquezas hay en su casa» (Salmo 112:2-3). Esto no es una garantía de ser rico en dinero y pertenencias. Eso depende de la voluntad de Dios. Sin embargo, podemos ser ricos en muchas otras cosas, como salud, suficiente alimento, ropas que sirvan para su propósito, un lugar seguro donde vivir y cosas que no se rompen.

Dios promete proveernos, pero no deja caer las provisiones del cielo. A menudo, su provisión viene a través de puertas de oportunidad que se abren para trabajar y fuerzas para hacerlo. Por tanto, debemos orar para que los padres de nuestros nietos tengan la capacidad de satisfacer las necesidades de sus hijos.

Ante todo, pídele a Dios que les muestre a los padres de tus nietos lo que deben hacer en su trabajo y cómo pueden hacerlo lo mejor posible para sostener a su familia. Pídele a Dios que bendiga el trabajo que hacen y les dé un sentido de equilibrio en lo mucho que trabajan. La Palabra de Dios dice: «*No te afanes acumulando riquezas*; no te obsesiones con ellas. ¿Acaso has podido verlas? ¡No existen! Es como si les salieran alas, pues se van volando como las águilas» (Proverbios 23:4-5, NVI®).

Ora para que los padres no sean adictos al trabajo que sacrifiquen el bienestar de sus hijos en el altar de la búsqueda de riquezas que desaparecen, en lugar de hacer de sus hijos su principal prioridad.

Este es un enfoque muy importante para tus oraciones. Cuando yo era niña, mis padres vivían al día, y a menudo, el sueldo no alcanzaba hasta el próximo porque era escaso y poco frecuente. Por eso, muchas veces fui a la cama con hambre, lo cual era aterrador. Solo podían comprarme un par de zapatos baratos al año, lo cual significaba que según crecía me quedaban pequeños y se rompían a mitad del año. Las suelas se les caían y mi padre tenía que pegarlas de nuevo. Aun así, seguían cayéndose, a veces en la escuela o de camino hacia la misma, y no se podían volver a pegar. Una vez mi madre puso bandas elásticas alrededor de los zapatos para evitar que las suelas se despegaran, y tuve que ir al colegio así. Era vergonzoso. Todos lo veían y se reían.

Nuestra casa era una choza deteriorada detrás de una gasolinera. De noche, las ratas corrían por mi cama. Nadie en esa área vivía de manera tan deplorable, de modo que nadie podía venir a mi casa y verla. La pobreza es dolorosa y poco divertida. Quienes dicen que fueron pobres sin darse cuenta no vivieron nunca en la pobreza. Esta significaba que tenían un solo televisor cuando sus amigos tenían dos. Créeme, ir a la cama con hambre y usar zapatos destrozados que no se pueden arreglar o sustituir es algo que se nota con mucho dolor.

No queremos pobreza ni dificultades dolorosas para nuestros hijos y nietos. Queremos que tengan la provisión de Dios. Tampoco queremos tantas riquezas que pierdan de vista sus prioridades y piensen que no necesitan a Dios. No queremos que sean holgazanes y no trabajen, pero tampoco que lo sacrifiquen todo, incluso su matrimonio y sus hijos, tratando de lograr las riquezas. Queremos que se recompense su trabajo y que prosperen para que puedan satisfacer las necesidades de su familia.

Ora para que Dios bendiga el trabajo de los padres de tus nietos a fin de que siempre puedan suplir las necesidades de sus hijos. Y ora para que siempre sepan de dónde viene su sustento.

Mi oración a Dios

Señor:

Levanto a los padres de mis nietos a ti. (<u>Nombra cada nieto ante Dios</u>). Que siempre tengan buenos empleos y su trabajo sea bendecido con éxito y bien remunerado. Protégelos de la pobreza, pero también de las riquezas que puedan apartar sus corazones de ti. Ayúdalos a entender que *tú* eres su proveedor, de modo que siempre te estén agradecidos por todo lo que les has dado, pero que deben trabajar con diligencia para hacer lo que tú les llamaste a hacer. Te ruego que te busquen para recibir tu provisión para sus vidas, que te devuelvan lo que te corresponde y que les den a otros según les guíes.

Permite que los padres de mis nietos hagan su trabajo bien para que puedan encontrar favor contigo y con los demás. Ayúdales a no ser «perezosos; [sino] fervientes en espíritu, sirviendo al Señor» (Romanos 12:11). Que les guste su trabajo y hagan el trabajo que les guste. No permitas que por trabajar tan duro y ocupar todo su tiempo en el trabajo, desatiendan a sus hijos. Que nunca sacrifiquen a sus hijos en el altar de sus carreras y los hagan sufrir por eso. Mantenlos alejados de la pobreza que daña y la riqueza que corrompe.

Dales a los padres de mis nietos una buena ética de trabajo que los mantenga prósperos, pero sabiduría para evitar las trampas de la haraganería y la irresponsabilidad. Tu Palabra dice: «La mano negligente empobrece; mas la mano de los diligentes enriquece» (Proverbios 10:4).

Ayúdalos a entender que «tales son las sendas de todo el que es dado a la codicia, la cual quita la vida de sus poseedores» (Proverbios 1:19).

Donde les falten habilidades, ayúdalos a educarse para que sigan creciendo y mejorando a fin de proporcionar lo que necesitan las personas. Ábreles con antelación las puertas de la oportunidad. Cierra las puertas por las que no deben pasar. Tú dices en tu Palabra que disfrutar nuestro trabajo es un don tuyo (Eclesiastés 3:13). Permite que los padres de mis nietos hagan un buen trabajo del que puedan gozar. Ayúdales a entender que «todo esfuerzo tiene su recompensa, pero quedarse solo en palabras lleva a la pobreza» (Proverbios 14:23, NVI®). Enséñales a *hacer* su trabajo y no solo a *hablar* de él. Te pido que confirmes «la obra» de sus manos (Salmo 90:17).

Gracias porque tu Palabra dice: «La bendición del Señor es la que enriquece, y Él no añade tristeza con ella» (Proverbios 10:22, LBLA). Permite que ese versículo sea una inspiración para sus corazones de manera que siempre te entreguen su trabajo y te pidan que lo bendigas. Muéstrales que tu ayuda está en tu nombre (Salmo 124:8, NVI®).

Te lo pido en el nombre de Jesús.

La Palabra de Dios para mí

¿Quién es el hombre que teme al Señor?
Él le instruirá en el camino que debe escoger. En
prosperidad habitará su alma, y su descendencia
poseerá la tierra.
Salmo 25:12-13, lbla

Dichosos todos los que temen al Señor,
los que van por sus caminos.
Lo que ganes con tus manos, eso comerás;
gozarás de dicha y prosperidad.
Salmo 128:1-2, nvi®

La obra del justo es para vida; mas el
fruto del impío es para pecado.
Proverbios 10:16

Tales son las sendas de todo el que es dado a la codicia,
la cual quita la vida de sus poseedores.
Proverbios 1:19

Amado, yo deseo que tú seas prosperado en todas las
cosas, y que tengas salud, así como prospera tu alma.
3 Juan 2

24

Señor, capacita a mis nietos para que entiendan para qué los creaste

Uno de los aspectos más importantes del bienestar de un niño es saber para qué los creó Dios. Y eso sucede mientras el niño crece y entiende *quién es* Dios, y que es su *hijo*. Cuando los niños saben que son de Dios y que Él es su Padre celestial, pueden ver *quiénes* son con relación a Él.

Dios le dijo a su pueblo: «*Derramaré mi Espíritu sobre tu descendencia, y mi bendición sobre tus vástago*s [...] Uno dirá: "Pertenezco al Señor" [...] y otro escribirá en su mano: "Yo soy del Señor"» (Isaías 44:3, 5, nvi*). En otras palabras, sabrán *quiénes* son porque saben quién es *Dios*, y que le pertenecen a Él.

Cuando la gente sabe quién es Dios y para qué la creó, ese conocimiento le da un sentido de propósito. Y ese sentido de propósito dado por Dios le impide malgastar su vida yendo tras cosas absurdas. Quizá no sepa todos los detalles del propósito de Dios para su vida, pero se le revelará una vez que reciba a Jesús, ande con Él y busque esa revelación. De pequeño, solo es suficiente que sepa que Dios *tiene* un gran *propósito* para su vida, a fin de que no siga a nadie ni a nada que pueda alejarle de Dios.

Dios nos ha dado su Espíritu para que lo conozcamos y entendamos todo lo que nos ha dado, incluyendo nuestro propósito. (Lee 1 Corintios 2:12).

Cuando los niños no saben quiénes son ni para qué los creó Dios, es muy fácil que se alejen del camino que Dios les reservó o nunca anden por él desde un principio. Es ahí cuando se van en pos de cualquier cosa. Pueden volverse inseguros, frustrados, ansiosos, infelices o deprimidos. Tratan de *hacer* su propia vida, y cuando esta no va como piensan que debería ser (en otras palabras, no encuentran la plenitud, la admiración y el éxito que buscan), se vuelven críticos consigo mismos. Se comparan con otros y se sienten fracasados cuando creen que no dan la talla.

Cuando los niños o jóvenes tienen un claro sentido de lo que son, no desperdician sus vidas en cosas insignificantes, en el mejor de los casos, ni dañinas, en el peor. No buscan que el mundo los valide. Buscan al Señor.

Los jóvenes que se sienten confusos respecto a lo que son, y cuál es su propósito, necesitan nuestras oraciones. Podemos orar para que Dios les traiga claridad porque la confusión nunca viene de Él. Debemos orar para que el ruido del mundo no ahogue la voz de Dios en ellos, sino que la escuchen con claridad en su corazón y les guíe por el buen camino.

Todos sabemos que «en él asimismo *tuvimos herencia*, habiendo sido predestinados *conforme al propósito del* que hace todas las cosas según el designio de su voluntad» (Efesios 1:11). Ese alto propósito es parte de la herencia que tenemos de Dios para hacer su voluntad. Cuando comprendemos esto, podemos orar para que nuestros nietos tengan una visión clara de Dios acerca de *quién es Él y para qué los creó*. Además, podemos alentarlos de cualquier manera que Dios nos muestre sobre esto.

Si tienes nietos que han crecido sin ningún sentido de propósito, pídele a Dios que les dé una visión ahora para su vida de modo que no vivan sin rumbo fijo. Es peligroso que un niño no tenga un sentido de propósito. Los que usan drogas, cometen crímenes, destruyen personas y propiedades, y no logran nada bueno no tienen un piadoso sentido de propósito. Si has orado acerca de esto por alguno de tus nietos, no te rindas. Esto a veces toma tiempo en un joven que ha aprendido malos hábitos de pensamiento.

Algunos niños, quienes están atrapados en un estilo de vida impío, pueden demorar más que otros en descifrar esto. En cambio, por otra parte, Dios puede obrar grandes cosas cuando oramos. Lo he visto. Conozco a un niño que iba sin dirección, vagando por la vida, y un día se levantó con una visión para su vida que solo pudo haber venido de Dios. Y fue a toda velocidad persiguiendo lo que le reveló Dios. Fue algo milagroso. Y sucedió en respuesta a las oraciones de sus abuelos, su familia y sus amigos.

Así que no dejes de orar por tus nietos en cuanto a esto hasta que suceda.

Mi oración a Dios

Señor:

Levanto mis nietos a ti. (<u>Nombra cada nieto ante Dios</u>). Permíteles entender para qué los creaste. Revélales el conocimiento de quién eres *tú* para que puedan comprender quiénes son *ellos* con relación a ti. Ayuda a todos mis nietos a saber que tú eres su Padre celestial y que ellos son tus hijos. Y como tales, tienen una herencia de ti. Dales una visión clara para sus vidas y un sentido de identidad aquí. Enséñales a entender con claridad que los crearon con un propósito y ayúdales a comprender cuál es ese propósito.

Ayuda a cada uno de mis nietos a caminar con tal sentido de propósito en ti para sus vidas que no se distraigan con las cosas del mundo faltas de significado. Quítales toda confusión acerca de lo que son y haz que escuchen tu voz en su corazón diciéndoles por dónde ir. Mantenlos lejos de las distracciones del mundo que son un obstáculo para lo que tienes para ellos. No permitas que cosa alguna los desvíe de tu plan para sus vidas. Dales una visión de todo lo que tienes para ellos, a fin de que vivan con el sentido de propósito que viene de ti.

Derrama tu Espíritu sobre mis nietos conforme lo expresas en tu Palabra. Ayúdales a decir en su corazón «Yo soy del SEÑOR» (Isaías 44:5, LBLA). Dales a sus padres sabiduría y conocimiento para ayudarlos a comprender que nacieron para un propósito más alto. Y aunque todavía no sepan con exactitud cuál es ese propósito, sé que se los revelarás en su andar contigo. Muéstrame cómo animarles en esto de la manera que pueda.

Te lo pido en el nombre de Jesús.

La Palabra de Dios para mí

Todos tus hijos serán enseñados por Jehová; y se
multiplicará la paz de tus hijos.
Isaías 54:13

Que te conceda lo que tu corazón desea; que haga que
se cumplan todos tus planes.
Salmo 20:4, nvi®

No se gloríe el sabio de su sabiduría, ni se gloríe el
poderoso de su poder, ni el rico se gloríe de su riqueza;
mas el que se gloríe, gloríese de esto: de que me
entiende y me conoce, pues yo soy el Señor que hago
misericordia, derecho y justicia en la tierra, porque en
estas cosas me complazco —declara el Señor.
Jeremías 9:23-24, lbla

Levántate, resplandece; porque ha venido tu luz, y la
gloria de Jehová ha nacido sobre ti.
Isaías 60:1

Nosotros hemos recibido, no el espíritu del mundo,
sino el Espíritu que viene de Dios, para que
conozcamos lo que Dios nos ha dado gratuitamente.
1 Corintios 2:12, lbla

25

Señor, revélales a mis nietos sus dones y llamados

Así como Dios tiene un propósito para la vida de cada uno de sus hijos, también les ha dado dones y talentos especiales para alcanzar y cumplir ese propósito. Él hablará al corazón de cada persona acerca de lo que Él la ha llamado en específico para hacer con sus dones y talentos. Cuando andamos cerca de Dios y buscamos su dirección para nuestra vida, Él nos ayuda a entender cuáles son esos dones y talentos y cómo usarlos.

La Biblia dice que Dios «nos salvó y *llamó con llamamiento santo*, no conforme a nuestras obras, sino *según el propósito suyo y la gracia* que nos fue dada en Cristo Jesús antes de los tiempos de los siglos» (2 Timoteo 1:9). Así que nuestros dones y talentos no determinan nuestro llamado. Nuestro llamado lo determina Dios, y Él nos permite cumplirlo con los dones y talentos que puso en nosotros.

Cada vez que los abuelos me dicen que sienten que ya no tienen un propósito en la vida, les digo: «Si tienes nietos, tienes un propósito. Y Dios usará todos los dones y talentos que tienes para cumplir este llamado especial. No digo que sea tu único propósito, pero no digas que no tienes uno». Y si alguna vez te sientes así, ten presente que escribí este libro para ayudarte a cumplir tu propósito como guerrero de oración por Cristo para beneficio de esta próxima generación que necesita con tanta urgencia tus oraciones.

Dios conoce el llamado que tiene para cada uno de tus nietos. Él ve los dones y talentos que puso en ellos a fin de que lo logren. Quizá no lo veamos todavía, pero Dios sí, y Él nos lo revelará cuando se lo pidamos.

Ora para que tus nietos puedan identificar a temprana edad los dones y talentos que Dios les ha dado. Ora para que sus padres puedan reconocerlos también. Pídele a Dios que les permita a los padres escuchar de Él cómo guiar mejor a sus hijos de manera que desarrollen y cultiven esos dones y talentos. Sus hijos necesitan aprender que «*cada uno tiene su propio don de Dios*», para no ser tentados a codiciar el don de otro (1 Corintios 7:7).

Ora para que tus nietos comprendan que sus dones y talentos vienen de Dios para que vivan agradecidos a su Creador, quien los puso en ellos. Exaltarlo a Él en lugar de exaltar sus dones y talentos es una forma espiritualmente saludable de lograr más con esos dones y talentos de lo que podrían hacer por sí solos. Eso se debe a que alabar a Dios por sus dones y su llamado abre la puerta del corazón para que Él pueda derramar más de sí mismo en ellos. Esto, junto con dedicar sus dones al Señor, les permite lograr grandes cosas que durarán por la eternidad.

Las personas que no tienen idea de para qué las llamó Dios, o que no pueden identificar sus dones y talentos, quizá terminen vagando, echando a perder su vida y nunca logrando los planes de Dios para ellas. Pablo dijo: «Según el Señor ha asignado a cada uno, *según Dios llamó a cada cual, así ande*» (1 Corintios 7:17, LBLA). No queremos que nuestros nietos persigan algo que esté fuera de la voluntad de Dios y lejos de lo que Él los llamó a hacer. No queremos que busquen algo que Dios nunca va a bendecir.

Pídele a Dios que te muestre esto acerca de cada niño en específico, sobre todo si tienen muchos dones y talentos. Por ejemplo, solo porque uno tenga el don y el talento para la música no significa que debe entrar en el negocio de la música. *Puede* que sí, pero no necesariamente. Dios puede usar su talento para glorificarlo a Él de muchas maneras diferentes. Por eso necesitan saber con exactitud a qué los llama Dios, y cómo quiere que use sus dones y talentos para cumplir ese propósito.

Es importante que otras personas afirmen también a tus nietos en los campos en que sobresalen o tienen el potencial de sobresalir algún día. Ora para que haya personas que los animen y estimulen, y que vengan mentores a sus vidas. Algunos como tíos, tías, maestros, entrenadores u otros abuelos que oren, todos pueden ayudar. Siempre ora para que los dones y talentos de tus nietos se usen para la gloria de Dios y no la suya. Ora para que nunca busquen ser algo o alguien que no son. Pídele a Dios que les dé equilibrio para que no se conviertan en personas concentradas y enfocadas en sí mismas ni orgullosos respecto a sus dones y talentos. Ora para que quieran que Dios se encargue de abrirles puertas de oportunidades para *servirle*. Si se enfocan en Dios, Él los exaltará.

Mi oración a Dios

Señor:

Levanto mis nietos a ti. (<u>Nombra cada nieto ante Dios</u>). Gracias porque has puesto en cada uno dones y talentos especiales para que los usen según tus planes y propósitos. Permíteles vivir con un sentido personal de tu llamado para que no se distraigan y se alejen de tus planes para su vida. Dales la capacidad de identificar esos dones y talentos que has puesto en ellos. Enséñales cómo quieres que dediquen sus dones y talentos a ti y los usen para tu gloria. Revélaselos a sus padres también para que sepan cultivar y desarrollar esos dones y talentos. Revélamelo a mí también para saber cómo orar y animarlos.

Permite que mis nietos escuchen tu llamado en cada una de sus vidas. Úsalos para beneficio de las vidas de otros. Ayúdame a exhortarlos en lo que sea que les llamas a hacer. Haz que busquen tu dirección y claridad. Te pido, «Padre de gloria», que les des a mis nietos «espíritu de sabiduría y de revelación» para que puedan entender tu llamado en sus vidas (Efesios 1:17).

Ayúdalos a «andar como es digno de la vocación» con que fueron llamados (Efesios 4:1). No dejes que pierdan el tiempo persiguiendo cosas que no son tu voluntad. No permitas que se pasen la vida tratando de descubrir sus dones y talentos, y tu llamado para sus vidas. Háblales tan pronto como puedan escuchar y enséñales a usar sus dones según tu voluntad.

Envíales maestros, tutores y mentores que les enseñen y animen. Ábrele la mente, los ojos y oídos de cada niño para ayudarle a ver, oír y comprender con claridad lo que tú quieres que haga. Si alguno de mis nietos tiene dificultad en el aprendizaje, sé que no hay nada que tú no puedas resolver en su vida. Ayúdalos a ver que su lucha no significa fracaso. Es más, a menudo logra en ellos precisamente lo que es necesario para su éxito.

Enséñame a animar siempre a mis nietos. Permíteme ayudarlos a entender que no solo tienes un llamado para sus vidas, sino que los equiparás para lograrlo si dependen de ti.

Te lo pido en el nombre de Jesús.

La Palabra de Dios para mí

Irrevocables son los dones y el llamamiento de Dios.
ROMANOS 11:29

Sed tanto más diligentes para hacer firme vuestro
llamado y elección de parte de Dios; porque mientras
hagáis estas cosas nunca tropezaréis.
2 PEDRO 1:10, LBLA

A los que predestinó, también los llamó; a los que
llamó, también los justificó; y a los que justificó,
también los glorificó.
ROMANOS 8:30, NVI®

Teniendo dones que difieren, según la gracia que nos ha
sido dada, usémoslos.
ROMANOS 12:6, LBLA

Yo pues, preso en el Señor, os ruego que andéis
como es digno de la vocación con que fuisteis
llamados, con toda humildad y mansedumbre,
soportándoos con paciencia los unos a los otros
en amor, solícitos en guardar la unidad del
Espíritu en el vínculo de la paz.
Efesios 4:1-3

26

Señor, evita que el corazón de cada uno de mis nietos se vuelva hacia los ídolos del mundo

*L*a idolatría es exaltar cualquier cosa que no sea Dios.

El mundo está lleno de idolatría. Dios ciega los ojos de quienes adoran ídolos para que no puedan ver la verdad. La Biblia dice que «no saben ni entienden; porque cerrados están sus ojos para no ver, y su corazón para no entender» (Isaías 44:18). Sin embargo, Dios nunca abandona a los que no lo abandonan a Él. (Lee 1 Samuel 12:22). El ministerio del Espíritu Santo es acercar los corazones a sí mismo cuando comienzan a alejarse, si se lo pedimos.

La Biblia habla de «guardarse sin mancha del mundo» (Santiago 1:27). También dice que si queremos ser amigos del mundo, nos convertimos en enemigos de Dios. Claro, no queremos convertirnos en enemigos de Dios. Y tampoco lo queremos para nuestros nietos.

Por eso es que debemos orar para que nuestros nietos siempre tengan el temor de Dios y nunca se olviden de «cuán grandes cosas ha hecho» (1 Samuel 12:24).

Donde los niños ya han ido tras los ídolos del mundo y han traído la destrucción sobre sí mismos, Dios puede redimir esas situaciones. Si les ha sucedido esto a tus nietos, ora para que vengan arrepentidos ante Dios. La buena noticia es que aun cuando hayan tomado las decisiones indebidas, todavía puede haber bendición para ellos si se vuelven a Dios y le siguen. Quizá tengan que pagar por sus transgresiones, pero no para siempre. Así que no dejes de orar para que se vuelvan al Señor.

Dios dijo de su pueblo que adoraba ídolos: «*Ellos me han vuelto las espaldas, y no el rostro*; pero en el tiempo de su calamidad dirán: "Levántate y sálvanos"» (Jeremías 2:27, LBLA). La gente le vuelve las espaldas a Dios y va tras los ídolos, y luego cuando se ven en dificultades, le piden a Dios que los salve. Sin embargo, Dios dice: «*¿Y dónde están tus dioses que hiciste para ti?* Levántense ellos, *a ver si te podrán librar en el tiempo de tu aflicción*» (Jeremías 2:28).

El pueblo andaba buscando hechiceros y adorando otros dioses en vez de buscar al único Dios verdadero. Así que después que *lo dejaron*, Él los dejó a *ellos*. No obstante, en su misericordia, dijo: «Volveos a mí, y yo me volveré a vosotros», pero el pueblo le preguntó a Dios: «¿En qué hemos de volvernos?» (Malaquías 3:7). Ni siquiera veían que habían hecho de la riqueza su ídolo.

En respuesta a su pregunta, Dios les dijo que le habían robado al no darle lo que Él les pidió que le dieran. Les instruyó: «*Traed todo el diezmo al alfolí*, para que haya alimento en mi casa; y *ponedme ahora a prueba en esto* —dice el Señor de los ejércitos— *si no os abriré las ventanas del cielo, y derramaré para vosotros bendición hasta que sobreabunde. Por vosotros reprenderé al devorador*» (Malaquías 3:10-11, LBLA).

Ora para que tus nietos no hagan dioses de las riquezas. Jesús no dijo que nunca podíamos tener nada, sino que lo que tenemos, o *queremos* tener, nunca debe estar entre Dios y nosotros. No debe venir antes que Dios en nuestro corazón. Este es un principio crucial que deben aprender nuestros hijos y nietos. *Cuando damos a Dios, Él abre las puertas de los cielos y derrama muchas bendiciones que sobreabundan sobre nosotros.* Y reprende al devorador de nuestras vidas y bendice lo que producimos.

La persona que aprende a darle a Dios siempre será bendecida por Dios.

La Biblia dice: «No seguiréis a otros dioses, a ninguno de los dioses de los pueblos que os rodean, porque el SEÑOR tu Dios, que está en medio de ti, es Dios celoso, no sea que se encienda la ira del SEÑOR tu Dios contra ti, y Él te borre de la faz de la tierra» (Deuteronomio 6:14-15, LBLA).

Dios también dijo: «*No traerás cosa abominable a tu casa, para que no seas anatema*; del todo la aborrecerás y la abominarás, porque es anatema» (Deuteronomio 7:26).

No queremos que nuestros hijos y nietos vayan jamás en pos de otros dioses, ni queremos que traigan a sus hogares algo detestable, como cosas que exalten a otros dioses, porque esto puede abrirle la puerta a la destrucción de sus vidas. La Biblia dice: «El que se une al Señor, un espíritu es con él» (1 Corintios 6:17). Ora para que identifiquen cualquier cosa en su vida que amenace esa unidad de Espíritu que tienen con Dios.

Dios dijo que *nos separáramos de la gente que adora ídolos y tienen prácticas impías.* (Lee Esdras 10:11). Dios no cambia. Él es el mismo hoy, ayer y por la eternidad. Entonces lo dijo en serio, y lo dice en serio ahora, y también lo dirá en el futuro.

Lo único que cambia es la forma de los ídolos. Hoy, la gente hace ídolos de la fama, la música, el dinero, las posesiones, otras personas, o cualquier cosa que los aleje de Dios y les lleve bajo la influencia del enemigo de Dios.

No es que estas cosas sean malas en sí. La pregunta es: ¿cuál es el espíritu detrás de ellas? Detrás de cada ídolo está el espíritu del enemigo, un espíritu de lujuria, avaricia, orgullo, destrucción, engaño y mucho más. La verdad es que «sabemos que somos de Dios, y *el mundo entero está bajo el maligno*» (1 Juan 5:19). Por lo tanto, si caminamos con Dios, en seguida nos daremos cuenta del espíritu que está detrás de algo, o alguien, o algún lugar, porque el Espíritu de Dios nos da el discernimiento. Podemos sentir el «influjo del enemigo».

Ora por esa clase de discernimiento en tus nietos. Deben poder discernir la diferencia entre el Espíritu de Dios y el espíritu del mundo, el cual viene del enemigo de Dios. Esta es una distinción importante que deben hacer por el resto de sus vidas.

Mi oración a Dios

Señor:

Levanto mis nietos a ti. (<u>Nombra cada nieto ante Dios</u>). Muéstrales cómo vivir en este mundo sin que les atraiga las tinieblas. Ayúdales a separase de cualquier cosa detestable ante ti. Dales la fortaleza para que los guíe tu Espíritu y no permitan la influencia del espíritu impío que está en el mundo. Ayúdales a rechazar los ídolos y a mantenerse alejados de las trampas del enemigo que tratan de apartarlos de todo lo que tienes para ellos.

Tu Palabra nos instruye: «*Salid de en medio de ellos, y apartaos*, dice el Señor, y no toquéis lo inmundo; y yo os recibiré, y seré para vosotros por Padre, y vosotros me seréis hijos e hijas, dice el Señor Todopoderoso» (2 Corintios 6:17-18). Ayuda a mis nietos para que recuerden siempre que son tus hijos. Dales el deseo de ser un amigo tuyo y el discernimiento de no querer ser un «enemigo de Dios» (Santiago 4:4).

Aléjalos del orgullo para que nadie los engañe. Si en algún momento se entregan a ciertas obsesiones de la cultura que van en tu contra, revélaselas pronto. No dejes que traigan al hogar cosas detestables. Mantenlos alejados de personas o prácticas que impidan la respuesta a sus oraciones y no permiten que reciban todo lo que tienes guardado para ellos. Protégelos de cualquier cosa que los separe de ti y lo mejor de ti en sus vidas.

«En cuanto a mí, que el Señor me libre de pecar contra él dejando de orar por» mis nietos (1 Samuel

12:23, NVI*). Te pido que aprendan a temerte de todo corazón, y que siempre consideren cuán grandes cosas tú has hecho por ellos (1 Samuel 12:24). Te ruego que siempre te adoren y nunca se alejen para servir a otros dioses.

Te lo pido en el nombre de Jesús.

La Palabra de Dios para mí

No os conforméis a este siglo, sino transformaos por
medio de la renovación de vuestro entendimiento, para
que comprobéis cuál sea la buena voluntad de Dios,
agradable y perfecta.

ROMANOS 12:2

No améis al mundo, ni las cosas que están en
el mundo. Si alguno ama al mundo, el
amor del Padre no está en él.

1 JUAN 2:15

Hijitos, guardaos de los ídolos.

1 JUAN 5:21

Hijitos, vosotros sois de Dios, y los habéis vencido;
porque mayor es el que está en vosotros,
que el que está en el mundo.

1 JUAN 4:4

Cualquiera, pues, que quiera ser amigo del mundo,
se constituye enemigo de Dios.

SANTIAGO 4:4

27

Señor, enséñales a mis nietos cómo dar buenos frutos

l tipo de personas que somos se revela por el tipo de fruto que producimos en nuestra vida. Queremos que nuestros nietos produzcan buenos frutos porque revela que son del Señor. Jesús resucitó de entre los muertos no solo para salvarnos y que podamos vivir con Él por toda la eternidad, sino también para vivir una vida mejor ahora y glorificarlo aquí en la tierra. La Biblia dice «que [Él] resucitó de los muertos, a fin de que llevemos fruto para Dios» (Romanos 7:4).

Cuando Jesús habló de la gente mala, los falsos profetas, dijo: «*Por sus frutos los conoceréis*» (Mateo 7:16). Explicó que debemos tener cuidado porque los falsos profetas vienen a nosotros «vestidos de ovejas, pero por dentro son lobos rapaces» (Mateo 7:15). En otras palabras, no son lo que parecen ser en un principio.

Luego, siguió diciendo: «Así, todo buen árbol da buenos frutos, pero el árbol malo da frutos malos. *No puede el buen árbol dar malos frutos, ni el árbol malo dar frutos buenos*» (Mateo

7:17-18). La naturaleza de una persona la juzgamos por el fruto que produce su vida y no por lo que *aparenta* ser. Jesús dijo: «Así que, por sus frutos los conoceréis» (Mateo 7:20).

Los que aman a Dios y su Palabra, y que invitan a Dios a vivir en *ellos* y ellos viven en *Dios*, siempre llevarán buen fruto. Los que reciben a Jesús tienen el Espíritu de Dios que vive en ellos y, por lo tanto, llevan el fruto del Espíritu. *«El fruto del Espíritu es amor, gozo, paz, paciencia, benignidad, bondad, fidelidad, mansedumbre, dominio propio»* (Gálatas 5:22-23, LBLA). Cuando vemos a personas que no tienen esos frutos, o solo unos pocos, eso significa que no se han comprometido del todo con el Señor. El Espíritu Santo siempre va a producir estas cualidades en nosotros si le *invitamos* a vivir en nosotros y se lo *permitimos*.

Todos necesitamos un corazón para Dios, sus caminos y su Palabra. Necesitamos orar por nuestros nietos para que tengan un corazón lleno de amor por Dios. No queremos que sean cortados porque produzcan malos frutos. (Lee Mateo 7:19). ¿Cuántas personas no han sufrido grandes pérdidas porque hicieron lo que *ellos* querían hacer y no se ocuparon de averiguar lo que quería *Dios*? Cosecharon algo que les trajo un fin desastroso.

No temas pedirle al Espíritu Santo que hable a la conciencia de cualquiera de tus hijos o nietos si están haciendo algo que les impida dar buen fruto en su vida. Jesús dijo: «Os conviene que yo me vaya; porque *si no me fuera, el Consolador no vendría a vosotros; mas si me fuere, os lo enviaré. Y cuando él venga, convencerá al mundo de pecado*, de justicia y de juicio» (Juan 16:7-8). El Consolador, el Espíritu Santo en nosotros, no solo nos convence de pecado, sino que nos ayuda a identificar lo que es bueno y debemos hacer, y las consecuencias que trae no hacerlo.

Ora para que cada uno de tus nietos tenga un corazón abierto para recibir la convicción del Espíritu Santo en su vida.

Ora también para que cada uno de tus nietos tenga un corazón sumiso a Dios y que se someta a su voluntad. Ora para que toda la confianza y seguridad que tenga en sí mismo venga acompañada de un corazón de siervo que pueda ser usado para ayudar a otros y no solo para promover sus objetivos egoístas. Aun si no criaste a tus hijos en los caminos de Dios, ora para que sean llenos del deseo de la Palabra de Dios ahora, a fin de que puedan ayudar a sus hijos, tus nietos, a aprender a vivir de forma que lleven buen fruto.

Dios dijo de sus hijos: «Ellos serán mi pueblo, y yo seré su Dios; *y les daré un solo corazón y un solo camino*, para que me teman siempre, *para bien de ellos y de sus hijos después de ellos.* Haré con ellos un pacto eterno, por el que no me apartaré de ellos, para hacerles bien, *e infundiré mi temor en sus corazones para que no se aparten de mí*» (Jeremías 32:38-40, lbla).

Dios puede poner reverencia por Él en el corazón de nuestros hijos y nietos. Y cuando lo haga, no se apartarán de Él. Oremos para que nuestros nietos amen tanto a Dios que vivan una vida que solo produzca buen fruto. Y que los conozcan por eso.

Mi oración a Dios

Señor:

Levanto mis nietos a ti. (<u>Nombra cada nieto ante Dios</u>). Dale a cada uno un corazón tierno para ti, tu Palabra y tus caminos. Haz que quieran conocerte y servirte. Mantén sus corazones vueltos a ti para que no se endurezcan. Cuídalos y no dejes que te vuelvan las espaldas para vivir en desobediencia a tus caminos. Si eso sucede, no dejes que su conciencia tenga paz hasta que regresen a ti. Espíritu Santo, tú eres el que convence de pecado. Convéncelos de cualquier pecado en sus vidas y dirígelos para que hagan lo bueno.

Dale a cada uno de mis nietos un corazón de líder y no de seguidor. Haz que te sigan solo a ti y tus caminos. Pon en su corazón el deseo de conocer tu Palabra que dice: «El que desprecia la palabra pagará por ello, pero el que teme el mandamiento será recompensado» (Proverbios 13:13, lbla). No permitas que sean destruidos por ignorar tu Palabra. Hazles conocer las recompensas de vivir por tu Palabra.

Sé que para «el que aparta su oído para no oír la ley, su oración también es abominable» (Proverbios 28:9). Tu Palabra dice: «Mucha paz tienen los que aman tu ley, y no hay para ellos tropiezo» (Salmo 119:165). Dales a mis nietos respeto y amor profundo por tus leyes y caminos. Ayúdales a comprender que esto les traerá paz y no permitirá que caigan. Y prepara el camino para que sus oraciones reciban respuesta.

Jesús, tú dijiste: «Pedid, y se os dará; buscad, y hallaréis; llamad, y se os abrirá» (Mateo 7:7). Te pido que mis nietos oren y busquen tu rostro en todo, y llamen solo a las puertas que tú puedes abrir. Ciérrales las puertas que no se pueden abrir porque llevan a producir mal fruto. Enséñales a buscarte a ti, la fuente de todo buen fruto en sus vidas.

Te lo pido en el nombre de Jesús.

La Palabra de Dios para mí

Si permanecéis en mí, y mis palabras permanecen
en vosotros, pedid todo lo que queréis, y os será hecho.
En esto es glorificado mi Padre, en que llevéis
mucho fruto, y seáis así mis discípulos.
JUAN 15:7-8

Dad frutos dignos de arrepentimiento.
MATEO 3:8, LBLA

Los ojos de Jehová contemplan toda la tierra,
para mostrar su poder a favor de los que
tienen corazón perfecto para con él.
2 CRÓNICAS 16:9

Todo árbol que no da buen fruto es cortado
y echado en el fuego.
MATEO 3:10

En el camino de la justicia está la vida;
y en sus caminos no hay muerte.
PROVERBIOS 12:28

28

Señor, aumenta la fe de mis nietos para creer que todas las cosas son posibles contigo

*E*n algún momento de la vida, todos necesitamos un milagro. Eso se debe a que nos encontramos en medio de una situación difícil. No obstante, a fin de experimentar un milagro, primero tenemos que tener fe para creer que con Dios, los milagros son posibles.

Jesús mismo dijo: «*Para Dios todo es posible*» (Mateo 19:26). También dijo: «*Nada hay imposible para Dios*» (Lucas 1:37). Estos versículos parecen comunicar el mismo principio y, en esencia, es así, pero a menudo nuestra mente no nos hace leerlos de la misma manera. Por ejemplo, podemos entender que *nada es imposible para Dios*, pero eso no significa que creamos que Dios quiere hacer lo imposible por nosotros. Solo sabemos que Él *puede*.

Sin embargo, saber que *con Dios todo es posible* significa que mientras que andemos *con Dios, todo es posible*. Él puede hacer algo que para nosotros es imposible hacer solos. O puede hacer algo que nunca pensamos posible para sacarnos de una situación mala en la que nos veamos atrapados. *Nosotros* quizá no veamos la solución o la salida, pero *Dios la tiene* porque no existen *límites* a lo que Él puede hacer.

Podemos pedirle a Dios en fe que haga lo que parece imposible en nuestras vidas, y en las vidas de nuestros nietos.

Nuestros hijos y nietos necesitan saber que no hay nada que Dios no pueda hacer si caminan cerca *de Él*, y si es su voluntad hacerlo. No pueden poner a Dios dentro de una caja y decir: «Dios no puede resolver este problema que tengo». Necesitan saber que siempre pueden ir a Dios, creyendo que *solo Él puede resolver su problema... o ayudarlos a soportarlo... o llevarlos por encima de él*. Necesitan fe en Dios y su poder para hacer lo que es imposible que ellos hagan por su cuenta. Necesitan tener fe en las palabras de Jesús cuando les dice que para Dios todo es posible.

Ora para que tus nietos tengan una actitud que no se destruya por la desesperanza. Pídele a Dios que les dé una actitud perpetua de esperanza y victoria. Ora para que tengan fe para creer en un milagro porque saben que un milagro no es difícil para Dios. Eso no significa que le dictemos a Dios lo que tiene que hacer. La oración no es decirle a Dios lo que tiene que hacer. La oración es decir: «Creo en ti, Señor, creo que eres el Dios del universo y que para ti todo es posible. Te pido que hagas un milagro en mi vida hoy».

Lo opuesto a la fe es la duda, y la duda es pecado debido a que la Palabra de Dios dice que todo lo que no es nacido de la fe es pecado.

El miedo viene cuando dudamos del amor de Dios y su voluntad de protegernos. Dudar de Dios siempre nos causa temor. Tener fe en Dios significa confiar en que Él es la fuente de todo lo que necesitamos. Confiar en Él no solo significa saber que tiene la capacidad de contestar nuestras oraciones, sino que *quiere hacerlo*. Los que piensan que Dios se va a dar por vencido con ellos y se alejan, no tienen fe. La fe es continua, firme y diaria, sin importar la respuesta a nuestras oraciones.

Debemos orar para que nuestros nietos tengan una fe en Dios firme sin dar lugar a las dudas. Jesús mismo no pudo hacer milagros con ciertas personas «a causa de la incredulidad de ellos» (Mateo 13:58). Podemos estimular a nuestros nietos a que si Dios no ha contestado sus oraciones, puede ser que no haya contestado *todavía*. O va a contestar de una manera que aún no han podido percibir, o que Él está respondiendo en formas que no esperan ni comprenden.

Nuestra fe no es en el poder de la oración, ni en la fuerza de nuestra fe. Es en Dios y su poder obrando a través de nuestras oraciones y en respuesta a ellas.

Crecemos en fe cuando leemos la Palabra de Dios. El conocimiento de la grandeza del amor de Dios aumenta nuestra fe. El entendimiento de quién *es* Dios aumenta nuestra fe. Conocer a Dios y creer en Él, y confiar en su deseo y capacidad de contestar nuestras oraciones, aumenta nuestra fe.

Oremos para que nuestros nietos aprendan todas estas verdades. En el mundo en que viven, ahora y en el futuro, van a necesitar que el poder de Dios haga lo imposible. Tus oraciones pueden ayudar a tus nietos a tener fe en Dios para hacer milagros que un día podrán salvar sus vidas.

Mi oración a Dios

Señor:

Levanto hoy a mis nietos a ti. (<u>Nombra cada nieto ante Dios</u>). Impárteles una fe en ti y en tu Palabra que sea lo bastante fuerte como para creer en los milagros cuando oran. Ayúdales a vivir siempre confiados que nada es imposible para ti. Enséñales que tú eres el Dios de lo imposible. Ayúdales a comprender que su fe en ti, su caminar cercano y dependiente de ti, y tu poder para hacer lo imposible cuando oran, abren la puerta a una vida milagrosa.

Ayuda a mis nietos para que aprendan a seguir la dirección del Espíritu Santo y a escuchar tu voz en su corazón guiándoles, y a no pensar que las cosas se van a resolver de manera automática sin una fe firme en ti, y en sus oraciones levantadas en un acto de fe. Tú dices en tu Palabra que «*si puedes creer*, al que cree todo le es posible» (Marcos 9:23). Permite que mis nietos crean que *nada es difícil para ti, y que* contigo, *todo es posible.*

Dales a mis nietos el entendimiento para saber que la duda es pecado porque significa que no confían en ti, tu amor, tu voluntad ni tu poder para ayudarlos en cualquier situación. Permíteles ver que la lectura de tu Palabra aumenta su fe. Jesús, tú dijiste que «si tuviereis fe como un grano de mostaza», «nada os será imposible» (Mateo 17:20). Siembra en cada uno de mis nietos una semilla de fe que crezca hasta llegar a una fe gigante que crea en milagros cuando oren.

No permitas que mis nietos pierdan la esperanza en tu capacidad y deseo de rescatarlos de cualquier situación de desesperanza. Te ruego también por sus padres y por mí. Te pido que tú, «el Dios de esperanza», llenes a mis nietos de gozo y paz en el creer, de modo que puedan abundar «en esperanza por el poder del Espíritu Santo» (Romanos 15:13).

Te lo pido en el nombre de Jesús.

La Palabra de Dios para mí

¡Ah, Señor Dios! He aquí, tú hiciste los cielos
y la tierra con tu gran poder y con tu brazo extendido;
nada es imposible para ti.
Jeremías 32:17, LBLA

Jesús, mirándolos, dijo: Para los hombres es imposible,
mas para Dios, no; porque todas las cosas
son posibles para Dios.
Marcos 10:27

El que en mí cree, las obras que yo hago,
él las hará también; y aun mayores hará,
porque yo voy al Padre.
Juan 14:12

Ninguna cosa será imposible para Dios.
Lucas 1:37, LBLA

No tenéis, porque no pedís. Pedís y no recibís,
porque pedís con malos propósitos, para gastarlo
en vuestros placeres.
Santiago 4:2-3, LBLA

Otros libros de *Stormie Omartian*

EL PODER DE LA ORACIÓN POR TUS HIJOS ADULTOS

Stormie dice: «Nuestra preocupación por nuestros hijos no se detiene una vez que se van al mundo y salen de casa. En realidad, aumenta. Hay mucho más por lo cual preocuparse, pero como padres tenemos menos influencia que nunca sobre sus vidas. Aun así, hay una manera de marcar una gran diferencia en sus vidas cada día, y eso es a través de la oración». Este libro de Stormie ayudará a cada padre a orar con poder por sus hijos adultos y encontrar la paz en el proceso.

EL PODER DE LOS PADRES QUE ORAN

Aprende cómo volverte al Señor y poner cada detalle de la vida de tu hijo en *sus* manos orando por cosas como la seguridad, el desarrollo del carácter, la presión de los compañeros, los amigos, las relaciones familiares, y mucho más. Descubre el gozo de ser parte de la obra de Dios en la vida de tu hijo. No tienes que ser un padre perfecto. Solo tienes que ser un padre de oración.

GUERRERO DE ORACIÓN

Stormie dice: «Ya hay una guerra en curso a tu alrededor, y estás en ella lo quieras o no. Hay una guerra espiritual entre el bien y el mal, entre Dios y su enemigo, y Dios quiere que permanezcamos firmes a su lado, el lado vencedor. Ganamos la guerra cuando oramos con poder porque la oración *es* la batalla». Este libro te ayudará a convertirte en un poderoso guerrero de oración que entiende el camino hacia la victoria.

DECIDE AMAR

Reflejamos a Dios con más claridad cuando nos motiva el poder del amor en todo lo que decimos y hacemos. Sin embargo, primero tenemos que entender la profundidad del amor de Dios por nosotros y recibirlo. Luego, tenemos que aprender a expresar con eficiencia nuestro amor por Él. Por último, debemos aprender a amar a los demás de la manera que le agrada a Él. En estos tres principios encontramos las bendiciones y la plenitud que Dios tiene para nosotros.